Vladan Gjorgejwitz

Die Entwickelung der öffentlichen Gesundheitspflege

Vladan Gjorgejwitz

Die Entwickelung der öffentlichen Gesundheitspflege

ISBN/EAN: 9783743315839

Hergestellt in Europa, USA, Kanada, Australien, Japan

Cover: Foto ©Suzi / pixelio.de

Manufactured and distributed by brebook publishing software
(www.brebook.com)

Vladan Gjorgejwitz

Die Entwickelung der öffentlichen Gesundheitspflege

Königreich Serbien.
Ministerium des Innern.
Sanitäts-Abtheilung.

Die

Entwickelung

der

Oeffentlichen Gesundheitspflege

im

serbischen Königreiche

vom XII. Jahrhundert an bis 1883

von

Dr. Vladan Gjorgjewitj,

Kgl. Sectionschef, Grossoffizier, Commandeur und Comthur, Officier und Ritter mehrerer kgl.
serbischer, k. russischer, k. k. österreichischer, k. ottomanischer, kgl. italienischer und kgl. rumänischer
Orden, Inhaber der deutschen Kriegsdenkmünze „für Pflichttreue im Kriege", Mitglied mehrerer
serbischer, deutscher und französischer gelehrten Gesellschaften.

MAX PASCH,
Verlagsbuchhandlung für Medicin und Gesundheitspflege.
Berlin 1883.

Dem

genialen deutschen Meister der Chirurgie

Herrn

Hofrath Prof. Dr. Th. Billroth

ehrfurchtsvoll

gewidmet.

Hochgeehrter Lehrer und Meister!

Der Vorstand der glänzenden Allgemeinen deutschen Ausstellung auf dem Gebiete der Hygiene und des Rettungswesens in Berlin, hat selbst an die öffentliche Gesundheitspflege in Serbien gedacht, und hat die ausserordentliche Freundlichkeit gehabt, mich zu einem öffentlichen Vortrag über diesen Gegenstand einzuladen. In Folge dessen habe ich in dieser Abhandlung die Entwickelung des gesammten serbischen Sanitätswesens von den ältesten Zeiten an bis zur Gegenwart zu skizziren versucht, habe im Anschluss daran am 28. Juni 1883 im Vortragspavillon der Hygiene-Ausstellung einen öffentlichen Vortrag gehalten, und übergebe meine Arbeit nunmehr der Oeffentlichkeit.

Wenn die öffentliche Gesundheitspflege in Serbien die ehrende Aufmerksamkeit, welche ihr von vielen Fachmännern aller grossen Nationen gewidmet wird, wirklich verdienen sollte, wenn ich das Glück hatte, ein Wenig für die Entwickelung der serbischen sanitären Gesetzgebung beizutragen, wenn schliesslich dieser Abhandlung gelingen sollte, richtigere Begriffe über die Culturbestrebungen meines Vaterlandes beizutragen, dann wird dafür in erster Linie Ihnen, hochgeehrter Herr Professor, zu danken sein, denn unter Ihrer Leitung habe ich nicht nur das Operiren, sondern hauptsächlich deutsch arbeiten gelernt. Das möge zugleich als Entschuldigung dienen, wenn einer der unbedeutendsten Schüler Billroth's es gewagt hat, seine Abhandlung mit dem berühmten Namen seines Lehrers zu schmücken.

Ich bin glücklich, hochgeehrter Herr Professor, diese Zeilen zeichnen zu können als

Ihr dankbarer Schüler

Dr. **Vladan Gjorgjevitj.**

Inhalt.

Die ersten Spuren eines Sanitätswesens in Serbien finden wir im XII. Jahrhundert. Derselbe Stevan Nemanja, der im Jahre 1165 durch die Centralisirung aller serbischen Gauen der eigentliche Gründer des alten serbischen Staates, und der Gründer unserer Königs- und Kaiserdynastie der Nemanjiden wurde, derselbe Fürst, der in Nisch den deutschen Kaiser Friedrich Barbarossa auf seinem Kreuzzuge nach Palästina so glänzend empfangen — er war auch der Gründer der ersten serbischen Sanitätsanstalten, der ersten Krankenhäuser. Sie waren, nach der damaligen Sitte, in den gottesfürchtigen Stiftungen der Fürsten, in den Klöstern untergebracht, welche die wahren Humanitätsanstalten jener Zeit genannt werden können, weil sie nicht bloss dem beschaulichen Beten, sondern auch allen idealen Regungen der menschlichen Natur gewidmet waren; die Klöster jener Zeit waren in Serbien die Anstalten für den elementarsten Unterricht des Volkes, die Hochschulen der Wissenschaften und der Künste, besonders der bildenden, die Zufluchtsstätte aller literarischen Arbeiten, die Versorgungshäuser für die Unheilbaren, die Gasthäuser für die Reisenden, welche beim damaligen Zustande der Landstrassen auch als Wohlthätigkeitsanstalten angesehen werden müssen, und, was für uns hier von besonderem Intresse ist: die Klöster waren zugleich die einzigen Krankenhäuser des Landes. In der Verfassung eines solchen serbischen Klosters, welche der erste serbische Erzbischof Sava, ein Sohn des Königs Stevan Nemanja, geschrieben hat, finden wir [1]) ein eigenes Kapitel über das Krankenhaus und über die „Leidenden", worin genau angegeben wird: wie viel Klosterzellen mit Betten für die Kranken eingerichtet werden sollen, wie der Wärterdienst zu

---

[1]) Die Annalen der serbischen gelehrten Gesellschaft, Bd. XXIV, S. 220.

regeln, wie die Speisen und Getränke für die im starken Fieber Darniederliegenden zu bereiten, wie oft der Abt des Klosters die Kranken zu besuchen hat, etc.

Von allen Nachfolgern Nemanja's haben wir solche Stiftungen zu verzeichnen, welche sich bis auf unsere Tage, wenn auch jetzt nur als Gotteshäuser, erhalten haben. Besonders aber hat der König Milutin, der volle vierzig Jahre in Serbien geherrscht, sehr viel für die Krankenpflege gethan. Der böhmische Gelehrte Safarik[1] erwähnt mit vielem Lobe, dass König Milutin, nicht bloss im eigenen Staate, sondern auch in der Fremde Krankenhäuser errichtet hat. Und wahrlich, in der Biographie der serbischen Könige[2], welche vom Zeitgenossen Milutins, dem Erzbischof Danilo geschrieben, finden wir bezüglich Milutins, folgende Stelle:

„Und er errichtete in Konstantinopel beim Orte Prodrom (wahrscheinlich soll es Hippodrom heissen) ein Fremdenhaus, Krankenhaus genannt, stellte darin sehr viele Betten auf, mit weichen Bettsachen zum Ausruhen der Kranken, und befahl, alle Kranken, ohne Unterschied, darin aufzunehmen, selbst die hoffnungslosen, und kaufte sehr viele griechische Dörfer, deren Einkünfte er dem Krankenhause schenkte, und er suchte und fand viele Aerzte und Heilkünstler, gab ihnen viel Gold und alles was sie nothwendig hatten, unter der Bedingung, ununterbrochen bei den Kranken zu sein, und ihnen Hilfe zu leisten, und ernannte einige seiner Grosswürdenträger zu Aufsehern des Krankenhauses, damit sie oft die Kranken besuchen, ihnen alles nützliche thun, ihnen alle Wünsche erfüllen, damit kein Kranker etwas zu klagen habe".

Nicht minder grossmüthig und menschenfreundlich war der Sohn Milutin's, König Stevan Urosch III. Nachdem er das berühmte Kloster Detschani errichtet, von dem er auch den Zunamen Detschanski erhalten, und, nachdem er im Kriege mit dem bulgarischen König Michael glänzend gesiegt hatte, stiftete er in der Nähe von Detschani ein selbständiges Krankenhaus. In der Biographie dieses Königs, welche ein Mönch, Grigorije, geschrieben und welche

[1] Pamatky okazky, S. 52—53.
[2] Ausgabe von Gj. Danicsitj.

vom Dr. Safarik publicirt worden ist[*]), finden wir nicht nur eine vollständige Beschreibung des splendid eingerichteten Krankenhauses, sondern auch Erwähnung der Hauptkrankheitsformen, welche darin behandelt wurden. Es sind dies: Kchexie, Fäulniss der Weichtheile wegen „verdorbenen" Blutes, Krankheiten der Knochen und der Gelenke, Palalyse der Extremitäten, Krankheiten der Athmungsorgane „wegen innerlicher Schärfe". „Das waren Krankheiten", heisst es in der Beschreibung, „dass einem das Herz blutet. Der König sorgte dafür, dass die Krankenbetten weich sind, dass die unangenehmen Ausdünstungen in den Krankenzellen durch die besten Wohlgerüche vertrieben werden, und nicht bloss dass er seinen ersten Hofbeamten zum Leiter des Krankenhauses ernannt hat, sondern er ging persönlich sehr oft ins Krankenhaus, sprach mit jedem Kranken, gab den Einen Geld, die Anderen umarmte und küsste der König mit Thränen in den Augen, und spendete ihnen liebreichen Trost. Oft hat der König ganze Nächte beim Schmerzenslager eines Armen durchwacht".

Wie wohlthuend ist es, mitten in den rohen Sitten des Mittelalters ein solches Bildchen der wahren Menschlichkeit zu finden. Der mächtige „Herr aller serbischen Lande und des Küstenlands", wie es in seinen Urkunden heisst, der gewaltige Feldherr und König, hält als Krankenwärter die Nachtwache beim Krankenbette des Aermsten seiner Unterthanen. Man würde so etwas kaum glauben, wenn man nicht wüsste, dass der König Detschanski selbst ein grosser Dulder gewesen. Er wurde in einem der Bürgerkriege, welche jedem Thronwechsel vorangingen, seines Augenlichtes beraubt.

Es scheint, dass dieser König während seiner Regierungszeit eine allgemeine Verfassung für die Krankenhäuser im Staate erlassen hat, denn als sein Sohn, Stevan Dutschan, der erste serbische Kaiser, dessen Staaten sich von Syrmien bis vor Salonichi und vom adriatischen Meere bis zu den Thoren Konstantinopels erstreckten, das Kloster des Erzengels in Prizren stiftete, schrieb er in der Stiftungs- und Schenkungsurkunde folgende Zeilen:

„Was das Krankenhaus anbelangt, es soll eingerichtet werden nach dem Gesetz des Königs, unseres Vaters, es soll zwölf Betten

---

[*]) Annalen der serbischen gelehrten Gesellschaft, Bd. XI. S. 75—76.

haben. Und wer immer krank ist, soll in's Krankenhaus aufgenommen werden".

Vom Momente, als Kaiser Duschan auf seinem Eroberungszuge nach dem stolzen Byzanz, womit er seiner Schöpfung die Krone aufzusetzen, und aus der ganzen Balkanhalbinsel einen Staat zu machen hoffte, plötzlich in Diaboli, einem Dorfe, so zu sagen vor den Mauern Konstantinopels starb, bis zum Regierungsantritte des Kaisers Lazar, haben wir gar keine Nachricht von den Humanitätsanstalten, was auch sehr begreiflich, denn Duschan „der Mächtige" hinterliess nur einen minderjährigen Sohn Urosch, den X. der Nemanjiden, unter dessen schwachen Scepter die übermüthigen Statthalter des ausgedehnten Staatenconglomerates untereinander einen fortwährenden Krieg führten bis der Vormund und Regent des minderjährigen Kaisers, König Vukaschin, sich die Krone auf's Haupt setzte, um bald darnach auf dem Schlachtfelde seine Usurpation mit dem Leben zu büssen.

Erst mit dem Regierungsantritte Lazarus, des Statthalters von Syrmien, der sich aus Rücksicht auf seine Mitbewerber um den Thron nicht mehr Kaiser, sondern Fürst nennen liess, finden wir Erwähnung der alten und Einrichtung von neuen Krankenhäusern. In einer Handschrift aus dem XVII. Jahrhundert, welche in der Nationalbibliothek zu Belgrad aufbewahrt wird [1], heisst es, dass Fürst Lazar neben der Stiftung seines, noch bestehenden, Klosters Ravanitza auch ein Krankenhaus gestiftet hat „für die einheimischen und für die fremden Kranken, sowie auch für die körperlich Erschöpften". [2] Ausserdem sehen wir aus einer Urkunde des Fürsten Lazar vom Jahre 1380, dass er dem serbischen Kloster Hilandar, auf dem Athos-Berge, einige Dörfer schenkt mit der Bedingung, „von den Einkünften dieser Dörfer jährlich einhundert Ongien (7200 Francs) auf das Krankenhaus zu verwenden". Das schenkte der edle Fürst „zum Troste und für die Wartung der Kranken". [3] Neun Jahre später, am 15. Juni 1389, auf dem berüchtigten Amselfelde, fand der Zusammenstoss zwischen den Armeen des Islams und des Kreuzes statt:

[1] Unter Nr. 23.

[2] Militjevitj, Klöster in Serbien, Annalen der serbischen gelehrten Gesellschaft, Bd. XXI, S. 6.

[3] Mikloschitj, Monumenta Serbica, S. 195.

der reissend anschwellende und alles niederreissende Bergstrom des
religiösen Fanatismus der Osmanen, zerstörte an dem Tage alle
knospenden Blüthen der beginnenden Civilisation des serbischen
Staates, somit auch die eben angeführten Anfänge eines Sanitätswesens.
Wie heftig der Zusammenstoss gewesen, kann aus dem einzigen
Umstande erhellen, dass beide Kaiser, der türkische und der serbische,
Murat I. und Lazar, auf dem Schlachtfelde gefallen sind. Diese Schlacht
zerstörte die stolze Schöpfung Duschans, und an die Stelle des Mächtigen,
der sich den „Kaiser der Serben, Bulgaren und Griechen" nennen konnte,
trat der Sohn Lazars, Sevan der Hohe, die Regierung an, als Vasal der
Türken, unter dem bescheidenen Titel eines „Despoten". Aber auch
aus seiner Regierungszeit haben wir Urkunden, welche auf unseren
Gegenstand Bezug haben. So finden wir in der Sammlung des
Grafen v. Pucitj *) eine Correspondenz zwischen der Wittwe Lazar's,
der Kaiserin Militza, und der Regierung der Republik von Ragusa,
welche die Anschaffung gelehrter Aerzte für Serbien zum Zwecke
hatte. Ein Brief „des regierenden Fürsten und der Gemeinde von
Ragusa" vom 12. August 1397 ist, in dieser und manch' anderer
Beziehung sehr interessant. Es heisst in demselben:

„Der Brief Ew. Gnaden haben wir erhalten und verstanden,
was Sie über die Aerzte geschrieben haben. Gott allein, vor dessen
Allwissenheit nichts versteckt bleiben kann, ist uns Zeuge, dass wir
gerne Ew. Gnaden helfen würden, auch in Grösserem, so gerne,
wie uns selbst. Aber die Aerzte, die wir haben, sind bejahrte Ausländer, wir haben sie gemiethet für unsere Stadt, und können sie
nicht zwingen, ausserhalb Ragusa zu gehen. Für Ew. Liebden liessen
wir sie doch zu uns rufen, sprachen ihnen zu, baten sie sehr viel,
es möge doch einer derselben dem Rufe folgen; wir versprachen
demselben seine ganze Bezahlung von unserer Gemeinde zu lassen,
als Zulage zu dem, was es Ew. Gnaden belieben würde, zu geben.
Und sie gaben uns zur Antwort: „Mit Ihnen haben wir den Vertrag
abgeschlossen, dass wir nicht gezwungen werden, ausserhalb Ragusa
zu behandeln. Wir würden es trotzdem thun, der hohen Fürstin und
deren Söhnen zu Lieb', aber Sie sehen selbst, wie alt wir sind, wir
können kaum in der Stadt herumgehen, wie soll da unser einer

---

*) I, 8.

sich auf eine solche Reise entschliessen? Deswegen bitten wir Ew.
Herrlichkeit, uns dies nicht übel zu nehmen; die Aerzte wollten
eben nicht, trotz unserer Bitten und Bezahlungen. Gott ist uns Zeuge.
wie froh wir gewesen wären, wenn einer gehen möchte".

Kaiserin Militza und ihr Sohn, der Despote Stevan der Hohe,
wendeten sich nun an die ausgiebigste Quelle gelehrter Aerzte
jener Zeit, welche auch Ragusa versorgte, nach Italien, und
gleich darauf kam nach Serbien der erste gelehrte Magister,
Hieronimus de San-Mignato aus Florenz, der sein Lebenlang in
Serbien geblieben und dort als sehr reicher Mann gestorben ist.*)
Der Despote Stevan begnügte sich aber nicht bloss damit, dass er
gelehrte Aerzte aus dem Auslande nach Serbien kommen liess, sondern.
nach dem Zeugnisse seines Biographen, Konstantin „des Philosophen",
errichtete er in Belgrad ein Krankenhaus, und zwar nicht wie seine
Vorfahren in einem Kloster, sondern ein selbständiges Gebäude für
das Krankenhaus, und „dazu" eine Kirche, welche somit als Kapelle
des Krankenhauses anzusehen ist.

Nach dem Tode dieses Despoten ging es ziemlich rasch berg-
abwärts, auch mit der Halbselbständigkeit des serbischen Staates.
und dann wurde ganz Serbien eine Provinz des riesigen Osmanenreiches, dessen siegreichen Heere bis zu den Thoren Wiens, dessen nörd-
liche Grenze für eine gewisse Zeit bis Budapest reichte, das somit den
griechischen, serbischen, bulgarischen, rumänischen und ungarischen
Staat verschlungen hatte. Gegen vierhundert Jahre hat die türkische
Herrschaft über Serbien gedauert, und während dieser langen
Jahrhunderte finden wir nichts anderes verzeichnet, in den bis jetzt
veröffentlichen Dokumenten, als eine unabsehbare und ununterbrochene
Kette von Aufständen, welche immer blutig erstickt wurden, nichts
als verzweifelte Versuche des serbischen Volkes, seine verlorene
staatliche Selbständigkeit wiederherzustellen.

Das war eine Guerilla, welche vier Jahrhunderte gedauert hat

---

*) Das Letzte ist durch einen Brief der Florentiner Regierung vom
29. April 1434 bestätigt, der die Erbschaft des verstorbenen Magisters betrifft
und worin der Sohn Lazars noch immer „Majestät" titulirt wird. (v. Stojan
Navakovitj „die italienischen Archive und unsere Geschichte" in den Annalen
der serbischen gelehrten Gesellschaft, Bd. XXXVII, S. 434.

und serbischerseits von Hajduci [10]) geführt wurde, von der Schlacht
auf dem Amselfelde an bis zum dritten Decenium unseres Jahrhunderts,
wo das Fürstenthum Serbien geschaffen wurde. Unwillkührlich
drängt sich die Frage auf: „Wer behandelte denn die tausende und
abertausende von Verwundeten, welche diese 400jährige Guerilla
geliefert hat?"

Die Antwort auf diese Frage konnte ich nur in der vorläufig
einzigen Geschichte dieses Kampfes, in den Heldengesängen des
serbischen Volkes suchen, in diesen epischen Dichtungen, welche,
Dank der lobenden Besprechung des deutschen Dichterfürsten Göthe,
der Brüder Grimm etc., sobald nach der Veröffentlichung in der
serbischen Sprache, in alle Weltsprachen übersetzt wurden, und somit bekannt sein dürften.

In diesen Heldengesängen nun fand ich, dass jeder Verwundete
von Distinction zu den „Lateinern" getragen wurde, „damit sie ihm die
weichen Wundverbände bereiten".[11]) Unter dem Namen der Lateiner
versteht unsere Volkspoesie die Serben katholischer Religion, welche
das adriatische Küstenland bewohnen. Dort waren eben die einzigen
gelehrten Aerzte aus Italien zu finden. Krankenwärterdienste ver-
sahen die Mutter und die Schwester des Verwundeten, denn sie
hatten manchmal so züchtige Gemahlinnen, welche es „unschicklich"
fanden, selbst die Wunden ihrer Männer zu entblössen. In einem
Gedichte[12]) findet der verwundete Mann, dass die Schambaftigkeit seiner
Frau denn doch zu weit geht, und jagte sie desswegen aus dem
Hause. In schweren Verwundungen, besonders wo grosse Operationen
zu machen waren, liessen einzelne Verwundete sich die Aerzte aus
Italien oder aus Dalmatien holen. So that es der Held Andjelitj, als
er sich den rechten Arm amputiren lassen wollte.[13]) Aber diese Art
sich regelrechte ärztliche Hilfe zu verschaffen, scheint damals sehr
kostspielig gewesen zu sein, denn bei einer Verwundung des Lieblings

---

[10]) Das Wort heisst „Räuber" bedeutet aber dasselbe, was die griechischen
„Klephten", nämlich Inturgenten gegen die türkische Herrschaft.

[11]) Wuk St. Karadzitj, Sammlung der serbischen Volksgesänge, Band II.,
S. 512.

[12]) Ibid. Bd. III., S. 528.

[13]) Ibid. Bd. III., S. 413.

unserer Volkspoesie, des Königssohnes Marko, finden wir, dass eine solche Cur Tausend Ducaten kostet[14]).

Es ist selbstverständlich, dass bloss die Reichen, die Elite des Volkes, im Stande war, so theuere ärztliche Hilfe zu suchen. Die grosse Masse des Volkes musste sich sowohl bei den gewöhnlichen Krankheiten, als auch bei den Verwundungen mit den Volksärzten, mit der Volksmedicin begnügen. Diese Volksärzte und ihre empirischen Behandlungsweisen aller Krankheiten, sind noch heutzutage in Serbien so populär, dass es mir der Mühe werth erschien, dieselben eingehend zu studieren[15]), umsomehr als die Volksmedizin, ein gerade so wichtiges Carakteristicum des Volkes bildet, wie sein ungeschriebenes Gewohnheitsrecht, wie seine Poesie, wie seine Lebensphilosophie in den Sprüchwörtern etc. Es dürfte vielleicht nicht ohne Interesse sein, wenigstens mit einigen Strichen, die Grundzüge der Volksmedizin der Serben hier zu entwerfen.

Die ältesten Volksärzte der Serben waren wie überall — die Frauen. Dies rührte wahrscheinlich noch aus der vorchristlichen Zeit her, in welcher die Frauen die Priesterinnen und Prophetinnen der heidnischen Götter abgaben, weil, wie aus der Geschichte der wissenschaftlichen Medicin männiglich bekannt, die ersten Anfänge jeder Heilkunst bei den Altären zu suchen waren, sintemalen jede Krankheit als eine Strafe der Götter angefasst wurde, und desswegen jede Hilfe einzig und allein bei den Priestern und Priesterinnen gesucht werden konnte. Diese Auffassung der Krankheiten hatte wieder zur Folge, dass die Priesterschaft sehr viel Kranke zu sehen bekam, dass sie die manigfachsten Beobachtungen über verschiedene Krankheiten zu machen Gelegenheit hatte, und durch die Ueberlieferung dieser Erfahrungen vieler Priestergenerationen, entstand die empirische Heilkunst, welche sich alsbald von der Religion als selbstständiges Metier abzweigte, sobald das Beobachtungsmaterial zu gross wurde, um von einem Menschen zugleich mit der Religion beherrscht werden zu können. Mit der Verbreitung des Christenthums bekamen die Priester

[14]) Ibid. Bd. II., S. 368.
[15]) Die Volksmedizin der Serben, von Dr. Vladan Gjorgjevitj. Sepparatabdruck aus dem 114. Bde. der Zeitschrift „Srpski letopis". Neusatz, 1872, in 8°, IV., S. 80.

und Priesterinnen der alten Religion immer mehr Musse, sich ausschliesslich der Volksmedicin zu widmen.

Der Kampf zwischen dem Christenthume und der alten Volksreligion bei den Serben war besonders langwierig und heftig. Die alten Priesterinnen und Prophetinnen wurden von ihren glücklicheren christlichen Collegen so unbarmherzigver folgt, dass sie bald gezwungen waren, in die damals noch jungfräulichen Urwälder zu flüchten, um dort verborgen ihr Leben zu fristen, die heilenden „Kräuter" und Pflanzen zu sammeln, und die Kranken, welche sie aufsuchten, zu behandeln. Die dankbare Volkspoesie hat um diese Verfolgten einen reizenden mythologischen Schleier gewoben, sie hat aus diesen Frauen eine besondere Abart ihrer Feen (der „Vila's") geschaffen, die sogenannten Vile vidarice, die wundheilenden Feen. Von ihrem irdischen Ursprung zeugen bloss ihre Liebesverhältnisse mit manchem Held unserer Volkspoesie, ihre Kinder u. s. w., sonst aber werden sie als überirdische Wesen besungen, welche auf mächtigen Schwingen durch die Lüfte fahren, um überall, wo sie zur Hilfe angerufen werden, sogleich zu erscheinen, welche ewig jung und schön bleiben, etc.

Mit dem Aussterben dieser, zu Feen idealisirten Priesterinnen der alten Volksreligion, ging auch die Heilkunst allmählig in prophane Hände über. Wie bei jedem Volke, dem der Ackerbau und die Viehzucht die Hauptbeschäftigungen bilden, so auch bei den Serben, sind die einzelnen Organe des thierischen Organismus wohlbekannt. In jedem Hause wird Vieh geschlachtet, somit bekommt ein Jeder sehr oft Gelegenheit, das Innere des thierischen Körpers zu sehen, den Zusammenhang der einzelnen Organe zu begreifen, die verschiedenen Schichten und deren Aneinanderfolge kennen zu lernen; man fängt an, die Muskeln und deren Sehnen, von den Knochen und deren Gelenken zu unterscheiden, man bekommt allmählig eine Idee vom Blutgefäss, von Nerven etc. Auf diese Weise wurden jene Kenntnisse gesammelt, die man, mit einer gewissen Idealisirung, die Anatomie der Volksmedicin nennen könnte. Mag diese anatomische Grundlage, und ihre Anwendung auf den menschlichen Körper, noch so mangelhaft sein, die Volksärzte haben doch auf ihr ein stolzes Gebäude der Volkschirurgie aufgeführt, welche heutzutage noch in Serbien, nicht bloss den messerscheuen Aerzten, sondern sogar den Operateuren vom Fach starke Concurrenz macht. Vor 30 Jahren lebte in Belgrad eine alte Frau. Stanija genannt, welche durch ihre Dexterität beim Einrichten selbst inveterirter Luxationen, und bei der Behandlung der compliciertesten Knochenverletzungen, einen solchen Ruf erlangt hatte, dass die Regierung von der öffentlichen Meinung gezwungen wurde, dafür Sorge zu tragen, dass die werthvollen Kenntnisse dieser Frau nicht verloren gehen. Die Regierung gab der alten Volkschirurgin nicht bloss eine anständige Pension, sondern schickte zu ihr einige Schüler, denen sie ihre Heilkunst lehren sollte. Also eine wahrhaftige Schule für Volkschirurgie, von Amtswegen errichtet! . . . Ein Jünger dieser Schule, der Gensdarm Alexa, practiziert noch im Geheimen in Belgrad, trotz aller Polizeiverbote, wenigstens habe ich selber manche verwahrloste Coxitis behandeln müssen, welche dieser Volkschirurg als alte Luxation angesehen und darnach behandelt hatte. Vor 15 oder 20 Jahren geschah' es, dass der Militärarzt der Garnison von Pozarevatz sich eine Fractur der Tibia zuzog. In einem ziemlich schlechten Verbande heilte die Fractur mit starker Dislocation der Fragmente. Ein Volkschirurg des Ortes, der den schlecht verheilten Unterschenkel gesehen, ersuchte seinen diplomisirten Collegen um die Erlaubniss, den Fehler auszubessern, und als er diese Erlaubniss erhalten, fracturirte er die Tibia mit eigenen Händen, legte sie in einem inamoviblen Verband aus gestossenen Ziegeln, Werg, Seife etc., und in sechs Wochen war das Schienbein gerade geheilt! Ja, die Kühnheit der Volkschirurgen begnügt sich nicht ein Mal mit der groben Arbeit bei Fracturen und Luxationen, sie wagen sich selbst ans Auge! Der Volksaugenarzt Dimitrije aus Paratjin, hat über 40 Jahren in ganz Serbien Cataractareclinationen ausgeführt, und er pocht nicht bloss auf seine Erfolge, sondern auch auf eine Unmasse von Zeugnissen, welche ihm diplomisirte Aerzte ausgestellt, in deren Beisein oder gar Assistenz er operirte! Ja, die Volkschirurgie der Serben hat auch Specialisten aufzuweisen. Jefto Ducsitj aus Nadlug hat sich in Herniotomien einen grossen Ruf erworben. Nicht bloss incarcerirte Hernien operirt er mit Erfolg, nachdem er immer früher die Taxis versucht hat, sondern er macht auch radicale Operationen der freien Hernien. Collega Jefto ist so stolz auf seine Erfolge, dass er mit

sehr wenig Respect von uns diplomisirten Aerzten und unserem
„lateinischen Firlefanz" spricht, von dem er behauptet, dass er bloss
„die Welt betrüge und vergifte". Eine andere Art von Specialisten,
die sogenannten Blasensteinschneider, scheint keine ständigen
Vertreter in Serbien gehabt zu haben, aber bevor die diplomisirten
Aerzte angefangen haben, selber die Lithotomien zu machen, verging
kein Jahr, ohne dass der eine oder der andere Steinschneider aus
Macedonien, Epirus oder Albanien nach Serbien kam, um eine Reise
im Lande zu machen und viele Lithotomien auszuführen.

Uebrigens, es giebt Beispiele, wo einzelne Patienten nicht einmal die Hilfe des Volkschirurgen in Anspruch nehmen, sondern sich
selbst helfen. So kenne ich einen Schmidt, der am Fussrücken ein
Neugebilde hatte. Er hat sich's eigenhändig mit seinem Brodmesser
extirpirt, und als dasselde recidivirte, die Extirpation wiederholt.
Erst als das Neugebilde zum zweiten Mal recidivirte, kam er zu mir
mit der Bitte, ihn „von dieser Unreinlichkeit radical zu befreien". --
Eine Bäuerin, welche auf einer Fussreise im strengsten Winter, auf
der Landstrasse erschöpft eingeschlafen war, und ihre beiden Füsse
bis zu den Tarso-metatarsalgelenken erfroren, wurde von barm-
herzigen Passanten bis in das nächste Landhaus auf der Strasse getragen und zur Pflege übergeben. Die Magd des Hauses, sobald sie
die Eiternng zwischen den schwarzen abgestorbenen und den leben-
digen Theilen des Fusses gesehen, nahm das Küchenmesser und
machte eine förmliche Lisfranc'sche Amputation, wobei ihr die natür-
liche Demarcationslinie das Messer geführt hat. — Diese Selbsthilfe
in Krankheitsfällen geht in gewissen Marken unseres Volkes, z. B.
im dalmatinischen Küstenlande so weit, dass man sehr oft folgenden
Ausspruch hören kann: „Wer bis zum 30. Lebensjahre nicht gelernt
hat, sich selber zu curiren, verdient nicht zu leben." Und das
spricht man in der Gegend, welche an berühmten Volksärzten und
Volkschirurgen sehr reich ist.[16])

----

[16]) Hier die Namen der berühmtesten: Jefto Ducsitj aus Nadlug in Herzegovina, in der Bocca di Cattaro: Marko Giljacsa und Andrija Zivaljevitj
aus Lezevci, Krsto Medigovitj aus Paschtrovitj, Lazo Gorokutja aus Budua,
Petar Mitrov Merdzanovitj aus Rissanj, in Montenegro: Marko Ilieskovitj
aus der Crmnitza und die Frau Manda Perovitjka aus Trebinje.

Das Wissen und die Manipulationen der Volksärzte und Volkschirurgen bilden ein Familieneigenthum und Geheimniss, welches von
einer Generation auf die andere vererbt wird, so zwar, dass es ganze
volksärztliche Dynastien giebt, welche man an dem Zunahmen gleich
erkennen kann. So z. B. der Zunahme Medigovitj, die Söhne des
Medigo, oder Hetjimovitj, die Söhne des Hetjim, zeigen solche
Familien der Volksärzte an.

Wenn wir nun das, was man die specielle chirurgische
Pathologie und Therapie der Volkschirurgie nennen könnte, fach-
männisch betrachten, so finden wir Folgendes:

Die Stich- und Risswunden werden allsogleich mit Salzwasser,
auf der Seeküste mit dem Meerwasser ausgespült. Bei Lappenwunden
wird der Lappen reponirt und so befestigt, dass eine Verschiebung
unmöglich ist. Bei allen Schnittwunden wird die Heilung per primam
intentionem angestrebt, gelingt sie aber nicht, dann werden die
Wundsalben aufgelegt, deren Zusammensetzung ein Familiengeheim-
niss bildet. Dieser Verband wird zweimal täglich gewechselt. Wenn
trotz der wunderthätigen Salbe, Eitersenkungen oder Phlegmonen eintreten, sucht der Volkschirurg die tiefstgelegenen fluctuirenden Stellen
auf, sticht sie mit dem Taschenmesser auf, lässt den Eiter ausfliessen
und führt in jede solche Gegenöffnung ein mit seiner Wundersalbe
angestrichenes Bourdonet ein, welches bei jedem Verbandwechsel
erneuert wird. Bei perforirenden Brustwunden wird die geöffnete
Pleurahöhle von der Wunde aus mit etwa zwei Liter weissen Weines
angefüllt, dann der Verwundete in horizontaler Lage auf die Hände
genommen und so geschüttelt, wie ein auszuwaschendes Fass, dann
so umgewendet, dass der ganze Wein durch die Wunde herausgelassen
wird. Dies Auswaschen des geöffneten Pleurasackes wird so lange
wiederholt, bis der herausfliessende Wein sehr wenig oder gar kein
Blut mehr enthält; dann erst wird der Verband angelegt. Als der
Volkschirurg Ilieskovitj nach einem blutigen Jataganenduell, welches im
Beisein des Fürsten Danilo von Montenegro stattgefunden, und mit
einer perforirenden Brustwunde des einen Duellanten geendet hatte,
diese Prozedur mit dem Verwundeten ausführte, frug ihn ein Schrift-
steller aus der Suite des Fürsten, Herr Vresevitj, warum er diese
Ausspülung mit Wein vornehme, gab der Volkschirurg folgendes zur

Antwort: „Ja Herr, wir sind um die Taille durch eine fleischige Scheidewand getheilt, zwischen der Brust und Bauchhöhle haben wir einen Boden. Nun, wenn ich die Brusthöhle nicht mit Wein ausspülen würde, so möchte sich der Eiter auf dem Boden ansammeln, dort verderben, zur Jauche werden, und der Verwundete würde mir an dieser Eiterverderbniss zu Grunde gehen. So aber, wenn ich ihn davor bewahrt habe, ist es mir ein leichtes, die Wunde zu behandeln, welche ich sehen kann."

Bei den Wunden der vorderen Bauchwände werden die Wundränder möglichst genau aneinandergelegt und so gehalten, bis eine originelle Art von Serres fines angelegt ist, nämlich eine nach der Länge der Schnittwunde grössere oder kleinere Zahl von starken Käfern, denen, sobald sie sich an die Wundränder fest angeklammert haben, die Hintertheile abgeschnitten werden . . .

Wenn nicht bloss die vordere Bauchwand, sondern auch die Gedärme verletzt sind, dann bekommt der Verwundete täglich 20 bis 30 nussgrosse aus Mehl und Hasenhaaren geknetete und gebackene Teigknödel zu essen, „damit die Hasenhaare, auf diese Weise bis zur Darmwunde gebracht, dort haften bleiben und dieselbe verstopfen mögen."

Wenn einzelne Weichtheilstücke ganz abgeschnitten sind, versucht der Volkschirung allsogleich die Wiedereinheilung derselben. So ist es erwiesen, dass dem Ivo Martinovic, dem in der Schlacht die Nase weggeschnitten war, dieselbe wieder angelegt und befestigt wurde. Zwei Metallröhrchen wurden ihm in die Nasenlöcher gesteckt, „damit die Nase nicht inwendig verwachse." In sechs Wochen war die Nase so schön auf ihrem Platze eingeheilt, dass man bloss durch die Narbe an ihre Lebensgefahr erinnert wurde.

Bei Bisswunden, besonders wenn der Mensch von einem tollen Hunde gebissen worden, wird der betreffende Körpertheil oberhalb der Bisswunde fest eingeschnürt, „damit das Gift nicht in die Adern gelangen kann" und dann wird die Bisswunde mit starkem Essig, Branntwein etc. ausgewaschen. Jetzt kommen Fisolenbohnen in die Wunde, welche dann verbunden werden, um als fremde Körper eine profusere Eiterung in der Wunde hervorzurufen.

Die accidentellen Wundkrankheiten, besonders das Erysipel, wird

meistens durch ein Mittel der inneren Volksmedicin, durch das Besprechen, durch das Hersagen von Zauberformeln behandelt, von
denen wir seinerorts noch einige Worte sagen werden. Bei der
Gangrän der Wunden, oder beim diphteritischen Belag derselben,
werden sie mit gestossener Lindenkohle bestreut. Wenn trotz dieser
Desinfection, die Wunde „immer weiter um sich frisst", dann kratzt
der Volkschirurg [1]) mit einem Taschen- oder Rasirmesser die ganze
„Fäulniss" aus der Wunde so lange aus, bis aus allen Theilen der
Wunde „gesundes Blut" hervorquillt. Nach der Blutstillung durch
kaltes Wasser, legt der Volkschirurg einen fürchterlich gesalzenen
Fisch „cipo" (vom italienischen Cievolo) auf die Wunde, und obwohl
er die Wunde so brennt, dass der Patient laut schreien muss vor
Schmerz, lässt er den Fisch volle 20 Stunden auf der Wunde liegen.
Obwohl dadurch die „Fäulniss der Wunde vergiftet ist" wäscht er sie
nochmals mit dem „bissigsten" Branntweine aus, und erst dann wird die
Wundsalbe aufgelegt, welche aus gelbem Wachs, Oel und Campher
zubereitet wird.

Wenn der Volkschirung zu einem Patienten gerufen wird, der
sich einen Knochenbruch zugezogen, dann fängt er damit an, dass er
mit den Händen, welche vorerst mit gewärmten Oel angestrichen, das
verletzte Glied behutsam massirt, „bis er die Fragmente eingelegt."
Dann nimmt er einen Rocken Linnen, breitet ihn in der Mitte ein
bischen aus, giesst darin das Eierklare zweier Hühnereier und etwas
gestossenen Alumen, und legt den so zubereiteten Rocken auf die
Bruchstelle des Knochens, welche dann mit einem schmalen Handtuch
verbunden wird. Dann kommen zwei Holzschienen, so lang wie der
fracturirte Knochen, und 3—4 Finger breit. Dieser Schienenverband
wird mit einem Gurt fest zusammengeschnürt und 8 Tage liegen gelassen. Nach der ersten und nach der dritten Woche wird der Verband erneuert, bloss wird bei dem zweiten Verbandwechsel keine
Schiene mehr zur Hilfe genommen. Nach der Meinung der Volkschirurgen heilt ein junger Knochen in drei Wochen, während beim
Knochenbruch eine Erwachsenen doppelt so viel Zeit nothwendig ist,
„weil sich der alte Knochen viel schwieriger anschmiegt".

---

[1]) Besonders wird diese Methode vom Volkschirurgen Krsto Medigovitj
immer angewendet.

Das die Volkschirurgen auch inamovible Verbände machen, haben wir schon gesehen.

Höchst interessant ist das Verfahren der Volkschirurgen bei Verletzuugen der Schädelknochen. Sobald der Verunglückte anfängt über heftigen Kopfschmerz zu klagen, sobald er aus einer Ohnmacht in die andere fällt, alsogleich sagt der Volkschirurg „es fängt das Blut an sich auf das Gehirn zu setzen" und macht eine Operation, welche der Trepanation lege artis auf ein Haar ähnlich ist. Zuerst wird mit einem Rasiermesser auf der betreffenden Stelle des Schädels ein Kreuzschnitt gemacht, die Lappen werden zurückgeschlagen und dann wird das Rasiermesser als Raspatorium benützt um eine etwa Markstückgrosse Stelle des Knochens blosszulegen. Und jetzt wird thatsächlich trepanirt mit einem Instrumente, welches sogar in der Volkssprache „trapan" heisst. Nach der Entfernung des heraustrepanirten Knochenstückes, wird ein Stück Schwamm auf eine lange stumpfe Nadel gebunden und dadurch wird das ganze etwa in der Schädelhöhle extravasierte Blut aufgesogen. Zuletzt wird das Loch im Schädel mit einem gleich grossen, schön abgerundetem Stücke eines Kürbisses zugestopft, welches dann bis zur Anwachsung des neuen Knochens „aufgesogen" wird . . .

Was die Luxationen anbelangt, so behauptet der schon erwähnte serbische Ethnograph Vuk Vresevitj, dass es kein Dorf in den Ländern der serbischen Zunge gebe, wo nicht wenigstens ein Volkschirurg wäre, welcher sich speciell mit der Einrichtung der ausgerenkten Glieder befasst. Die Methode selbst, besteht immer in der Traction. Es wird genau unterschieden, ob der Gelenkkopf nach unten, nach vorne oder nach hinten luxirt ist, und wo es nothwendig ist, wird immer vor der Traktion ein grosses Knäul Garn unter den Gelenkkopf gelegt, um ein Hypomochlion zu haben.

Bei den nichttraumatischen Entzündungen der Weichtheile, Panaritien, (welche „nepomenik" der „Gott sei bei uns" genannt werden), Phlegmonen, Abscessen etc. wird immer zuerst mit verschiedenen Cataplasmen eine „Reifung" (die Eiterung) angestrebt, und sobald sie durch Fluctuation nachzuweisen ist, dreist eingeschnitten. Die einzige Ausnahme macht merkwürdigerweise der Carbunkel, welcher auf eine sonderbare Weise behandelt wird. Es werden nämlich die posteriora einer lebenden Henne auf die carbunculösen Stellen angelegt, weil die Volkschirurgen behaupten, dass dadurch das ganze Gift aus dem Carbunkel in die Henne fahren muss; die Hennen sollen auch in folge dieser Vergiftung gleich krepiren, und dieses Verfahren wird so lange wiederholt, bis eine Henne am Leben bleibt. Dann ist der Carbunkel unschädlich gemacht.

Etwas barbarisch, aber zweckmässig ist die Lage der Patienten, welche ihnen die Volkschirurgen geben, um die Reposition der freien Hernien auszuführen. Es werden ihnen nämlich die Füsse an zwei unweit von einander stehende Pfosten angebunden, so zwar, dass sie mit dem Kopfe und dem Oberkörper auf der Erde liegen. Der Volkschirurg stellt sich oder setzt sich zwischen die aufgehängten unteren Extremitäten des Patienten, und fängt die Streichung des Bruchsackes mit gewärmten Oele an, welche Prozedur eine volle Stunde fortgesetzt wird. Wenn der Bruchsack unter dieser Manipulation zusehends kleiner wird, so wird sie fortgesetzt bis zum Verschwinden der Hernie. Geht es aber mit der Streichung nicht, dann wird der Patient in dieser wenig beneidenswerthen Lage bis Morgen, ja sogar bis Uebermorgen gelassen und bekommt während dieser Zeit einzig und allein etwas Brod zu essen, „damit die Gedärme durch verschiedene Speisen nicht strotzen". Ist der Bruch trotzdem nicht verschwunden, dann wird das Scrotum und der Bruchsack aufgeschnitten, die Bruchpforte mit einem, „einer Feile ähnlichen" Instrumente erweitert und die Darmschlinge in die Bauchhöhle zurückgeschoben. Gleich darauf wird auf die Wunde eine Pflanze gelegt, „welche im Stande ist, dieselbe in 24 Stunden verheilen zu lassen". Die Volkschirurgen sind so überzeugt von der Wunderkraft dieser Pflanze, dass sie es nie unterlassen, auch in Fällen wo die freie Taxis gelungen, doch die Pflanze auf die gesunde Haut, in der Gegend der äusseren Oeffnung des Inguinalcanals aufzulegen. Allen meinen Bemühungen zum Trotze, konnte ich weder sehen dieses geheimnissvolle Kraut, noch den Namen desselben erfahren.

Von den Geschwülsten kennt die Volkschirurgie bloss die Lymphomata und Atheromata. Die Letzteren werden immer mit einem Holzdorn angestochen und der Dorn 24 Stunden stecken gelassen, dann herausgezogen und eine Salbe aufgelegt, welche in 9 Tagen unfehlbar den ganzen Inhalt der Balggeschwulst „herauszichen muss". Die Volkschirurgen sind so sicher mit dieser „Methode", dass einer derselben vor Staunen kaum zu sich kommen konnte, als nach einer solchen Operation der Patient Erysipel bekam und daran starb.

Von den Hautkrankheiten kennt die Volkschirurgie bloss die verschiedenen Formen der Eczeme, welche meistens durch Einreibungen mit starkem Branntwein, und die Krätze, welche mit vielerlei Salben, in denen immer wieder Schwefel vorkommt, behandelt werden.

Indem wir nun zu der inneren Volksmedizin übergehen, finden wir, was die allgemeine Pathologie anbelangt, folgendes: Die Volksärzte sind alle Humoralpathologen, und sie fassen den menschlichen Körper als ein Netz von Kanälen auf, in denen die verschiedenen Körpersäfte fliessen. So lange die Circulation dieser Säfte ruhig vor sich geht, ist der Mensch gesund. Sobald das Blut, (welches alle Säfte zusammengenommen bezeichnet), verdickt, oder durch Aufnahme von vielem Wasser verdünnt wird, sobald das Blut zu viel erhitzt oder zu stark ausgekühlt ist, wird es als verdorben angesehen, und gleich darauf bestrebt sich der menschliche Körper, alle diese „Unreinlichkeiten" aus dem Blute herauszustossen, was auch durch die verschiedenen Exantheme geschieht, welche deswegen nicht behandelt werden dürfen, denn wenn sie verschwinden sollten, bevor alles Schlechte aus dem Blute ausgestossen, würde sich die ganze Unreinlichkeit aufs Herz „verschlagen". Die erwähnte Frau Manda Perovitjka wäre sicherlich im Stande, die Entstehung eines Panaritiums zu verhindern, aber sie will nicht, weil dann die ganze „Schärfe" des Panaritiums in's Blut fahren und viel gefährlichere Krankheiten verursachen würde.

Neben den Unreinlichkeiten des Blutes spielen die Verkühlungen die bedeutendste Rolle in der Volkspathologie, welche keinen Begriff von Entzündungen einzelner Organe zu haben scheint. Wenn die Verkühlung den ganzen Körper getroffen, so wird der Zustand Fieber genannt. Alle Fieber werden in zwei Gruppen getheilt, in die Wechselfieber und die hitzigen typhösen, denn jedes länger dauernde Fieber, wenn es gar mit Irrereden begleitet ist, wird als

Typhus angesehen. Alle Krankheiten, in denen die Patienten rasch abmagern und zu hüsteln anfangen, werden allsogleich als Schwindsucht erklärt, und solche Patienten werden selbst von Verwandten gemieden, denn „die Schwindsucht ist ansteckend". Uebrigens, das soll uns nicht überraschen, denn nach unserer Volksmedizin sind sogar die Hydropsien ansteckende Krankheiten. — Alle plötzlichen Todesarten ohne äussere Ursache werden als Schlagfluss aufgefasst. — Alle Kinderkrankheiten, bis zum zweiten Lebensjahre, werden durch das schwere Zahnen, und im Knabenalter durch die Helminthiasis erklärt. — Den sichersten Maasstab für die Prognose aller inneren Erkrankungen liefert die Esslust des Kranken. — Besonders muss ich erwähnen, dass die Volkspathologie manche Krankheit dadurch erklärt, dass verschiedene Substanzen, besonders unsehbare kleine Würmer von aussen in den menschlichen Körper dringen. So heissen die phagedänischen Wunden: „das lebendige Feuer", oder kurz, „das Lebendige", von etwas Lebendigem, was hineingedrungen und in der Wunde herumfrisst. — Was die allgemeine Volkstherapie der inneren Krankheiten anbelangt, so ist sie sehr oft homoeopathisch. Die Fiebernden werden neben das grosse Heerdfeuer gelegt und förmlich geschmort, die Hectischen müssen Lungen von verschiedenen Thieren essen, die an Jeterus leidenden müssen gelbfärbende Wurzeln einnehmen, die an Dysmenorrhoe leidenden Frauen den Saft von rothen Blumen trinken, ja man treibt das Similia similibus so weit, dass bei Urinbeschwerden und langwierigen Obstructionen das Einnehmen von Menschenharn und Faeces empfohlen wird.

Der Arzneischatz der Volksmedizin besteht aus zwei grossen Gruppen, von denen die eine die moralischen, die andere aber die physischen Medicamente umfasst.

In die erste Gruppe gehört das Besprechen der Krankheiten, (serbisch „Bajati"), d. h. das Hersagen gewisser geheimnissvoller Zauberformeln, welches mit verschiedenen mistischen Manipulationen an dem Patienten verbunden wird. In der zweiten Gruppe haben wir die sogenannten Hausmittel und diejenigen, welche das Volk ohne ärztliche Vorschrift aus den öffentlichen Apotheken kauft.

Das „Besprechen" hilft bloss demjenigen Patienten, der diesen Zauberworten glaubt, (obwohl es Fälle giebt, wo das Besprechen kleinen Kindern und selbst dem vernunftlosen Vieh geholfen haben soll) und unter der Bedingung: dass vom Besprechen Niemanden erzählt wird, denn sonst verliert es allsogleich seine Einwirkungskraft; soll das Besprechen erfolgreich werden, muss es beim Vollmond, an einem Freitag, in der Abenddämmerung oder um Mitternacht vorgenommen werden. Die Zahlen 3 und 9 sind besonders wichtig. Jede Zauberformel muss drei Mal wiederholt werden, denn erst nach dem dritten Besprechen wird die Erleichterung des Kranken erwartet. Es ist gut, wenn die Besprechung bei einem Manne, von Frauen ausgeführt werde, und umgekehrt. Gewöhnlich werden die Zauberformeln gesprochen, wobei der kranke Körpertheil mit der Hand gestrichen wird, sie können aber auch geschrieben sein, in welchem Falle sie vom Patienten immerwährend in Form von „Amulets" am Körper getragen werden. Diesen „Amajlija's" werden nicht bloss heilende, sondern sogar prophylactische Kräfte zugeschrieben. In demselben findet man gewöhnlich einen unleserlich geschriebenen Zettel, ein Stück Knoblauch, Erdäpfel, Kastanien, abgebissene Mausköpfe und manche andere Gegenstände. In jeder Zauberformel wird Gott, Jesus Christus, die Mutter Gottes, die Dreifaltigkeit, verschiedene Heilige erwähnt oder angerufen, aber aus den Worten und dem ganzen Zusammenhange des Besprechens sieht man, dass sie viel älter sind als das Christenthum, dass diese heiligen Namen erst später an Stelle der verschiedenen heidnischen Götter gesetzt wurden.

Die fleissigen serbischen Ethnographen Milan Militjevitj und Vuk Vresevitj haben eine solche Masse von Besprechungsformeln in Krankheitsfällen aus allen Ländern der serbischen Zunge gesammelt und veröffentlicht, dass es hier unmöglich wäre, auch den tausendsten Theil derselben anzuführen. Ich muss mich damit begnügen, bloss zwei Beispiele anzuführen.

Wenn der Epileptiker einen Anfall bekommen hat, so nimmt die Besprecherin (bajalica) eine Sichel, einen Besen und einen Vogelflügel, und den Kranken damit berührend, spricht sie:

„Der Peter (oder wie der Kranke heisst) ist mir krank geworden. Es begegneten ihm die Verdammten, welche einen Heukopf, Siebaugen und Sichelzähne haben. Mit dem Kopfe erschreckten sie

2*

ihn, mit den Augen sogen sie sich ein, und mit den Zähnen zerfleischten sie ihn. Peters Wehklagen drang bis in den Himmel, es hörte sie die unbestechliche Mutter Gottes, welche also frug: „Warum klagst du Peter, dass deine Klage von der Erde bis zum Himmel reicht?" — „Ich klage" antwortete Peter, „weil mir die Verdammten alle meine Kräfte verzehrten, meine Knochen zerbrochen, mein Blut ausgesogen haben." — „Klage nicht weiter — sagte Muttergottes darauf — sondern geh' zur Dona bajalica, sie wird dir alles Böse wegblasen mit ihrem Athem, wegnehmen mit den Händen, wegzaubern mit ihren Worten, vergiften mit ihren Kräutern, und dir wird es leicht werden, dass du ruhig einschlafen wirdst wie ein Lämmchen im grünen Grase." Peter kam zur Dona bajalica und sie fing allsogleich an zu beten: „Ihr unbestechlichen, die Ihr nie an einer Brust gesäugt, Ihr ungetrauten Hexen und Winde der grossen Krankheit,[*]) Euch bitte ich, die Dona bajalica, kommt heraus aus Peters Kopfe, aus seinem Gehirne, aus seinem Verstande, aus den Kopfhaaren, der Stirne, den Augenbrauen, der Nase, den Zähnen, den Lippen, aus dem Rachen, aus den Ohren, aus dem Kehlkopf, dem Halse, den Schultern, aus den Ober- und Vorderarmen, aus den Handgelenken und Händen, deren Fingern und Nägeln, aus dem Rücken und dem Kreuze, aus der Brust und den Rippen, aus den Bauchweichen, aus dem Herzen, aus den Lungen, der Leber, dem Nabel, dem Magen, den Gedärmen, den Nieren, aus der Harnblase, aus den Hüften und Oberschenkeln, aus den Knieen, den Schienbeinen, den Füssen, deren Fersen, Zehen und Nägeln. Ich bitte Euch Verdammten tretet ab, geht auseinander wie der Staub auf den Landstrassen, wie das Sonnenlicht über die Felder, wie der Wind im Gebirge, wie das Volk, wenn die Kirchenweih' zu Ende, wie die Leute vom Markte. Tretet ab, tretet ab Ihr Verdammten!"

Das zweite Beispiel betrifft den Rothlauf.

Die Besprecherin nimmt eine eiserne Kohlenschaufel, schiebt sie in's Feuer bis sie glühend roth wird, giesst darauf etwas Essig, und indem sie den Patienten mit Essigdämpfen räuchert, spricht sie, aber in sich hinein: „Der heilige Nicolaus ritt auf einem blauen Pferde,

---

[*]) Die Epylepsie heisst im serbischen Velika bolest, die grosse Krankheit.

welches einen blauen Sattel, blauen Sattelgurt und blaue Zügel hatte.
über das blaue Meer und trug den Blaulauf mit sich". Nach drei-
maliger Wiederholung dieser Formel, setzt sie fort: „Der heilige
Nicolaus ritt auf einem rothen Pferde etc. (wie oben) und trug den
Rothlauf weg", das wird auch dreimal gesprochen. Dann kommt die
Variante mit dem weissen Pferd und Weisslauf. Das ganze wird
abgeschlossen mit folgenden Worten: „Trete ab du Stier, dein Platz
ist nicht hier, geh' du nur in das Galilei-Thal, wo keine Kirche besteht, keine Priester lesen, keine Kerzen angezündet, keine Kirchen-
kuchen angeschnitten werden, dorthin wo keine Schulkinder singen,
keine Rinder brüllen, wo keine Schafe bläcken, wo keine Hühner
krähen, wo keine Schweine grunzen, wo keine Hunde bellen, wo
nichts, gar nichts ist. Ich habe dich weggetrieben, und du sollst
gerade so aufstehen können wie die Erde. Du rothe Röthe, du sollst
nur roth sein. Ich habe dir Vater und Mutter, Bruder und Schwester,
Onkel und Tante, ich habe dich und dein ganzes Geschlecht verbrannt."

Was die Hausmittel anbelangt, so kommen zur Verwendung
Infusa und Decocta, Kataplasmen und Bäder: aus Wurzeln, Blättern,
Früchten, Samen: von Sambucus nigria, Althea off, Verbascum
phlomoides, Mentha piperita, Radix petroselini, Juniperus comm,
Urtica urens, Helianthus tuberosus, Artemisia absinthium, Viola odorata,
Agaricus campestris, Cortex fraxini, Onopordon acanthium (L.),
Glechoma hederacea, Rubia tinctorum, Betula alba L, Pterus aquilina,
Vitis vinifera L., Helianthus annuus, Foeniculus, Peucedanum cervaria
ces, Hyosciamus niger L., Achilea milefolium, Cornus mas, Populus
tremola, Prunus spinosa, urtica vulg. L, Ligustrum vulgare, Gentiana
lutea, Erythrea centaurium Pers, Rannunculus acris. R. philonotis L.,
Plantago major, Polygonum bistorta, Verbascum Thapsus, Verb.
Blattaria, Potentilla tormentilla Lilith, Salfia off, Bryonia dioica,
Gentiana asclepiadea, Thalictrum flavum, Helleborus niger, Lilium
candidum, Plantago lanceolata, Aconitum licoctonum, Allium cativum,
Solanum tuberosum, Cucumis sativa, Semper vivum tector L, Ocimum
basilicum, Dianthus, carophyllus, Ruta graveolens, Ligustrum levisticum,
Cucurbita pepo, Phaseolus, Citrus medica, citrus aurantium, Armoracea,
Fumaria off, Lapa major, Petasites off. Mnch, Phoenixopus mullaris
Koch, Tussilago farfara L, Aegopodium podagraria, Symphytum off

L. Stachys betonica Benth, Chenopodium ambrosioides L. Kitaibelia vitifolia, Rumex sanguineus L. optusifolius L. pratensis M et K. crispus L. Iris germanica L, Veronica baccabunga L, Solanum nigrum L. Prunella vulgaris, Chelidoium majus L, Sedum acre L. Veronica chamedris, tenerinm, latifolia L. Eupharia off. L, Pimpinella saxifraga, Calendulla acanthifolia, Innula helenium L, Stahys recta, Sinapis arvensis L. Phitolacca decandra, Ceterach officinarum L, Tanacetum vulgare, Geum rivale L, Asperula odorata.

So viel aus dem Pflanzenreiche. Die Materia medica animalis in der Volksmedicin der Serben ist noch reicher, aber die Arzneien, die man dem Thierreiche entnimmt, sind oft von so üblem Geruche, dass ich sie füglich auslassen kann. Ich will bloss diejenigen Medicamente noch erwähnen, welche das Volk sich aus den öffentlichen Apotheken holt und welche somit aus der wissenschaftlichen in die Volksmedicin übergegangen. Es sind das: Species lignorum, Pilulae anethini, Sal amarus, Sal Glauberei, Unguentum hydrarg. cinereum, Aloë.

So gross für mich auch die Versuchung sein möchte, jetzt in die specielle Pathologie und Therapie der inneren Erkrankungen einzugehen, so sehe ich doch ein, dass diese kleine Skizze der Volksmedicin der Serben eine genügende Antwort geben wird auf die Frage, welche ich zu Anfang dieser Abhandlung gestellt, nämlich, wie und von wem wurden die Tausende von Verwundeten behandelt in der ununterbrochenen Kette des Guerillakrieges, welche von der Schlacht auf dem Amselfelde 1389 bis zum Anfang unseres Jahrhunderts gedauert hat.

Im Jahre 1804 begann die vom berühmten deutschen Historiker Leopold v. Ranke so sympatisch beschriebene serbische Revolution, welche mit einer kleinen Unterbrechung im Jahre 1813 bis 1820 gedauert, und zur Befreiung wenigstens eines Fünftels der Länder serbischer Zunge, zur Gründung des serbischen Fürstenthums geführt hat. Während dieses Kampfes finden wir, dass jede Armee der Aufständischen einen besonderen Volkschirurgen zugetheilt bekommen hat. So schreibt „der dirigirende Senat des Volkes an den serbischen Vojwoden Antonije Pljakitj", das für sein Commando der

Hetjim Janko designirt ist.[19]) Die schweren und complicierten Schusswunden werden von allen Seiten nach Belgrad geschickt, wo die geschicktesten und berühmtesten Volkschirurgen, die Frau Mana (Kirija Mana) und deren Sohn, Hetjim Tomo Konstantinovitj thätig waren. Von den vielen berühmten Curen, welche Hekim Tomo während der serbischen Revolution glücklich ausgeführt, wollen wir nur einen Fall erwähnen. 1807, bei der Erstürmung der türkischen Festung Uzice, durch die Aufständischen, wurde der junge Vojvode Milosch Obrenovitj, der nachmalige Fürst und Gründer der jetzt regierenden Königlichen Dynastie von Serbien, schwer verwundet. Das Projectil drang unterhalb der Mitte des linken Schlüsselbeines in die Brust hinein und durch die Fossa infraspinata des rechten Schulterblattes heraus. Der Schusskanal ging somit durch beide Lungen. Nachdem Hetjim Tomo seine zahlreichen Verwundeten in Belgrad nicht verlassen konnte, musste der Fürst zu ihm nach Belgrad, also fünf Tagereisen transportirt werden. Zu diesem Zwecke wurde eine originelle Bahre erfunden. Zwischen zwei Lastpferden wurde ein starkes Linnen ausgespannt, und in diese Schaukel der Verwundete hineingelegt. So wurde der verwundete Fürst nach Belgrad gebracht, wo er vom Hetjim Tomo in verhältnissmässig kurzer Zeit geheilt werde. Von der Behandlungsweise wird bloss erwähnt, dass der Volkschirurg den Eiter „aus den verschiedenen Wundkanälen mit dem eigenen Munde herausgesogen hat“.[20])

Mit der beginnenden Organisation des auferstandenen serbischen Staates fängt auch die Niederlassung der ersten diplomirten Aerzte in Serbien an. Der erste, Dr. Jovan Steitj, ein Serbe, kam aus Ungarn und wurde als Leibarzt beim Grossvater des jetzt regierenden Königs, beim Gospodar Jevrem Obrenovitj angestelst (1829). Bis 1834 kamen noch Dr. Patzek, Dr. Messarovitj und Dr. Nikolitj-Mischkovitschev, welche alle zuerst beim Hofe und der fürstlichen

---

[19]) Der Brief befindet sich im historischen Archiv der serbischen Gelehrten-Gesellschaft, unter No. 548.

[20]) Serbien, dessen Entwickelung und Fortschritt im Sanitätswesen mit Andeutungen über die gesammten Sanitätsverhältnisse im Oriente, vom Dr. Emerich P. Lindenmayr, quiescirten Chef des fürstlichen serbischen Sanitäts-wesens. Temeswar, 1876, S. 32

Familie angestellt wurden, später aber Militärärzte wurden, denn in das Jahr 1829 fällt auch die erste Gründung des serbischen stehenden Heeres. Der Grossvater unseres Königs, Jevrem Obrenovitj, von dem Dr. Lindenmayr sagt, dass „sein natürlicher Hang und Neigung ihn früher selbst als den Fürsten Milosch zur europäischen Cultur hingezogen, um zum zeitgemässen Fortschritt zu greifen. Daher war er auch Europäern stets zugänglich und ausgemacht unter den serbischen Primaten der Erste, welcher eine europäische Haushaltung zu führen anfing, auch seiner heranwachsenden Familie passende Erziehung zu geben sich bestrebte" [11), er war der Gründer der ersten regulären Truppe in Serbien. Als Gouverneur der podrinsko-savska provinz, tauschte er im Jahre 1829 seine Kabadahijas mit einer Compagnie Infanterie ein, welche er aus seiner Provinz rekrutirte und mit österreichischen Unterofficieren serbischer Nationalität als Instructoren versah. Bald darauf gab er seiner Leibgarde-Compagnie eine regelrechte Militärmusik. Diese Innovation seines Bruders gefiel dem Fürsten Milosch so sehr, dass er 1830 den Embryo des serbischen regulären Heeres sammt seiner Musik nach seiner Residenz, Kragujewatz, kommen liess, durch eine Rekrutation im ganzen Lande auf ein Bataillon Infanterie und eine Eskadron Cavallerie vermehrte, denen er zwei russische Officiere als Commandanten bestellte, und im Jahre 1833 sendete er 12 junge Leute nach Russland, um sie dort zu Officieren für das serbische Militär ausbilden zu lassen.

Zwei Jahre später, am 2. Februar 1835, wurde auf der Nationalversammlung (Skupschtina) die erste Verfassung des neuen serbischen Staates votirt und vom Fürsten Milosch beschworen. [12]) Auf Grund dieses organischen Grundgesetzes erliess Fürst Milosch am 14. Februar 1835 das Statut des Staatsrathes, welcher aus zwei Abtheilungen, einer legislativen und einer executiven bestehen sollte. Die Letztere bestand aus 6 Ministerien, von denen das fünfte den „Militärischen Angelegenheiten" gewidmet war. [13]) Unter den Gegenständen, welche die legislative Abtheilung des Staatsrathes zu verhandeln und dem

---

[11]) Lindenmayr. ibid. S. 36.

[12]) Gesetz-Sammlung des Fürstenthums Serbien, Bd. XXX., Belgrad 1877, Seite 1.

[13]) Ibid. S. 23.

Fürsten zur Genehmigung vorzulegen hat, finden wir „die Creirung, Erhaltung und Erziehung des Heeres, die Regelung des Avancements und aller militärischen Personalverhältnisse, die Eintheilung und Dislocation der verschiedenen Truppentheile, die Führung der Generalstabs-Arbeiten, die Controlle über das Gebahren der Artillerie- und Genie-Offiziere, die Anschaffung und Instandhaltung der Waffen und Munitionsvorräthe, die Errichtung und Erhaltung der Festungen und Militärbauten.[14]) In der ausführlichen Dienst-Instruction für den Kriegsminister heisst es sub 167: „Er hat über alles Sorge zu tragen, was zur Erhaltung der Gesundheit in der Armee beiträgt, ebenso Krankenhäuser und andere für die Armee nützliche Anstalten zu errichten.[15])

Wir sehen also, dass mit der Gründung eines stehenden Heeres in Serbien zugleich ein Militär-Sanitätswesen gegründet wird, dessen Definition als Militärhygiene und Spitalsdienst wenig zu wünschen übrig lässt.

Sobald die ersten 12 Offiziers-Zöglinge im Jahre 1836 aus Russland zurückgekehrt waren, wurden sie in die neu geschaffenen Commandos eingetheilt und das Heer um eine Waffengattung, um die Artillerie, vermehrt.

Unglücklicherweise war damals Serbien noch ein Vasallenstaat der Türkei, welcher neben diesem Herren noch einen Protector hatte. Diese beiden Mächte nun wollten von der Verfassung, welche sich das Land im Jahre 1835 gegeben, gar nichts wissen, geschweige denn ihre nothwendige Einwilligung geben. Somit konnten auch die Bestimmungen über das Kriegsministerium nicht ausgeführt werden; seine Agenden mussten auf eine „Militärpolizeikanzlei" übertragen werden. Diese ordnete gleich im Jahre 1836 eine allgemeine Rekrutirung im Lande für 1500—2000 Soldaten an. Von diesem Contingente kamen 500 Mann in die Garnison Belgrad, die übrigen wurden auf die anderen vier Commandos, in welche das Land militärisch eingetheilt war, vertheilt. In Belgrad wurde die erste Kaserne gebaut und in einem Flügel derselben das erste Garnison-Spital eröffnet.

---

[14]) Ibid. S. 29.
[15]) Ibid. S. 46.

dessen Leitung dem Garnisonsarzte Dr. Carl Bellony anvertraut wurde.

Jedes Teritorial-Commando hatte seinen Militärarzt. Die Lage der ersten serbischen Militärärzte war keine beneidenswerthe. Sie hatten 300 Thaler jährlicher Bezahlung, mussten davon nicht nur leben, sondern alle Amtsreisen machen und nach der Uniform, die ihnen vorgeschrieben war, zu urtheilen, hatten sie in der Armee bloss den Rang der Offiziers-Aspiranten.

Im Dezember 1838 wurde Serbien eine in Konstantinopel unter starkem Einfluss der fremden Diplomatie ausgearbeitete Verfassung aufoctroyrt. Nach § 19 dieser neuen Verfassung hat „der Minister des Innern alles, was auf das Militär Bezug hat, anzuordnen und alle Sanitäts-Angelegenheiten des Staates zu dirigiren." [14]) Im Ministerium des Innern wurde eine besondere „Quarantainen- und Sanitäts-Abtheilung" geschaffen und Dr. Patzek zum ersten Sectionschef für das Sanitätswesen ernannt. Der Wirkungskreis dieser Abtheilung wird im § 8 der „Organisation des Ministeriums des Innern" folgendermassen bestimmt:

„Die Abtheilung für die Quarantaine und das Sanitätswesen hat all' Dasjenige vorzunehmen, was zum Schutze des Lebens und der Gesundheit des serbischen Volkes dienen kann, alle Hindernisse aus dem Wege räumend. Hierher gehört hauptsächlich und besonders:

a) die Errichtung, Organisirung und Beaufsichtigung der Landesquarantainen gegen die Pestkrankheit, damit diese gefährliche Krankheit nicht in das Land eingeschleppt werde, oder wenn es doch geschehen sollte, damit die Krankheit so schnell als möglich vertilgt und ausgerottet werde.

b) Im Einvernehmen mit dem Unterrichtsministerium, dessen Aufsicht die Krankenhäuser untergestellt werden, für die Verhinderung und Ausrottung anderer gefährlicher und ansteckender Krankheiten, als da sind Wundfäulniss, Menschenblattern und andere verhängnissvolle Epidemien, Sorge zu tragen. Demnach wird die Abtheilung trachten,

---

[14]) Gesetz-Sammlung des Fürstenthums Serbien, Bd. 1., S 5

c) die nothwendigen öffentlichen Apotheken zu errichten, gelehrte Aerzte und Hebammen anzustellen und den weiteren Missbrauch der Medikamente von Nichtärzten zu verhindern."[11])

Nach § 10 dieser Organisation hat das Ministerium des Innern auch eine Militärabtheilung, deren Wirkungskreis folgendermassen angegeben wird:

„Die Militärabtheilung hat für die pünktliche Ausführung aller das Militär der Landesgarnisonen betreffenden Verordnungen Sorge zu tragen, welches Militär einzig und allein für die Erhaltung der Ruhe und Ordnung im Innern des Landes und auf seinen Grenzen bestimmt ist."

Die Ausführung dieser Vorschriften wird nach § 11 desselben Statuts in die Hände des „Hauptgarnisonsstabes" gelegt, dem die Militärdirection und Commissariatsverwaltung obliegt, welcher aber unter den Befehlen des Ministers des Innern stehen wird, damit der Minister durch den Militärstab auf die Armee wirken könne."[12])

Die Organisation, welche auf Grund der aufoctroyrten Verfassung der serbischen Armee gegeben wurde, degradierte dieselbe theilweise zur Landgensdarmerie, theilweise zu Grenzwächtern. Von dem stehenden Heere blieb bloss eine Halbbatterie mit zwei Kanonen, alles Andere wurde in eine sehr complicirte Landwehr umgemodelt, welche nicht dem Landesfürsten, sondern „der Regierung" zu dienen hatte, deren „Chef" unter den unmittelbaren Befehlen des Ministers des Innern gestellt wurde. Mit welcher Absicht die Beglücker Serbiens diese „Reform" des serbischen Heeres ausgeführt haben, zeugten alsbald die politischen Ereignisse des Jahres 1839, welche den ersten Fürsten und Befreier Serbiens, Milosch Obrenovitj I. gezwungen haben, abzudanken, und die Regierung seinem kranken ältesten Sohne Milan Obrenovitj II zu überlassen, nach dessen bald erfolgten Tode, der zweite Sohn Miloschs, Michael Obrenovitj III., den Fürstenthron Serbiens bestieg.

Für unseren Gegenstand genügt es, aus dieser stürmischen Zeit zu erwähnen, dass die Leitung des Militärsanitätswesens mit derjenigen

---

[11]) Ibid., S. 43.
[12]) Ibid., S. 44.

des Civilsanitätsdienstes in der Sanitätsabtheilung des Ministeriums des Innern vereinigt gewesen ist. Wir wollen nun die Entwickelung des serbischen Militärsanitätswesens durch die folgenden 40 Jahre des ruhigen Garnisondienstes begleiten, seine Thätigkeit während des dreijährigen serbisch-türkischen Krieges (1876, 1777 und 1878) erzählen, und dann werden wir zum Civilsanitätswesen Serbiens zurückgreifen um seine Entwickelung bis auf unsere Tage zu verfolgen.

1839 wurde im Garnisonsstabe die Stelle eines Stabsdoctors geschaffen und durch den Dr. Lindenmayr besetzt, dann wurde ihm ein Stabschirurg beigegeben, dem das Garnisonsspital in Belgrad übergeben wurde.

1840 eröffnete man ein kleines Garnisonsspital in Pozarevac, gleich darauf ein solches in Kragujevac. Das erste bekam Dr. Nikolitj Mischkowitschev zum Arzte, das zweite einen Mag. Chirurgiae Petrowitj, welcher als zweiter Stabschirurg aufgenommen wurde.

Die sehr zweckmässigen Vorschläge des Stabsarztes Dr. Lindenmayr, betreffend die Organisation der Militärhospitäler, die Rekrutirung, des militärärztlichen Standes — mussten in jener stürmischen Zeit der inneren Gährung, welche von guten Freunden Serbiens im Auslande fortwährend geschürt wurde, unbeachtet bleiben, denn es gab schon wieder einen Thronwechsel. Der edle Fürst M. M. Obrenovitj III, wurde in die Alternative versetzt, entweder den Thron und das Land zu verlassen, oder die eifrigen Werkzeuge gewisser Einflüsse mit Waffengewalt niederzuwerfen. Sein menschenfreundliches Herz wollte keinen Bürgerkrieg, er liebte sein Vaterland mehr wie seinen Thron, er expatriirte sich selbst (1842). Die provisorische Regierung hat im Sanitätswesen nur eine That vollbracht, sie hat einige der mit so vieler Mühe angeworbenen Aerzte und unter ihnen den ausgezeichneten und tüchtigen Chef der Sanitäts-Abtheilung, Dr. Patzek, des Landes verwiesen. Herr Vucsitj, als Chef der provisorischen Regierung hat ein grosses Wort gelassen ausgesprochen: „Er brauche nämlich für das ganze Land nicht mehr als drei Aerzte. Alle Anderen will er aus dem Lande jagen." Glücklicherweise kam 1843 an die Stelle Dr. Patzek's der als Arzt gleich tüchtige, als administrativer Beamte noch bedeutendere Dr. Jovan

Steitj, der als geborener Serbe von allgemeiner Bildung und vom
ächt staatsmännischen Blicke der Sanitätsabtheilung des Ministeriums
eine grössere Wichtigkeit zu verschaffen wusste. Ihm haben wir es
zu verdanken, dass dem Militärsanitätswesen eine grössere Selbst-
ständigkeit gewährt wurde. Im Hauptmilitärstab, welcher nach der
Reorganisation [19]) vom Jahre 1845 vier Abtheilungen bekam, war die
vierte die „militärärztliche". Der Stabsarzt „hat alle Agenden der ärztlichen Branche selbständig zu leiten (§ 37, Punct 5) und jedes Acten-
stück betreffs des Militärsanitätswesens, als verantwortlicher Dienst-
chef zu contrasigniren" (§ 42.) Mit diesem Erfolg nicht zufrieden,
schreibt Dr. Steitj ein schwungvolles Referat [20]) an den Staatsrath,
worin er für die Militärärzte Officiersrang und Character verlangt,
und zwar für die Militärchirurgen den Rang des Seconde- und
Premierlieutenants, für die Aerzte, Hauptmanns und Majorsrang. Dass
dieser Wunsch damals nicht in Erfüllung gegangen ist, wird uns
gewiss nicht wundern, wenn wir bedenken, dass selbst die preussische
Armee erst im Jahre 1874 ihr Sanitätsofficierskorps bekam, also erst
nachdem die deutschen Militärärzte auf den blutigen Schlachtfeldern
von 1866 und 1870—1871 mit ihrem Blute und durch ihre zahlreichen
Opfer in den Feldlazarethen bewiesen haben, dass sie auch Combattanten sind.

Im Jahre 1845 wurde das erste Reglement für die militärärztliche Untersuchung der Rekruten ausgegeben [21]). welches aber in
so allgemeinen Phrasen sich bewegt, das von einem präcisen Anführen
der Krankheiten oder Mängel und deren Entwickelungsstufen, welche
die temporäre oder definitive Untauglichkeit der Rekruten für den
Militärdienst nach sich ziehen würden, keine Rede sein kann.

Sechs Jahre später finden wir das erste Jahresbudget des
Militärsanitätswesens. [22]) Es beträgt die Erhaltungssumme der Gar-
nisonsspitäler mit einbegriffen nicht mehr als 6430 Thaler, obwohl in
dieser Summe nicht bloss die bestehenden Militärärzte (1 Stabsarzt,
2 Stabschirurgen, 2 Assistenten, 1 Spitalskommissär und das noth-

---

[19]) Gesetzsammlung des Fürstenthums Serbien, Band III, S. 1.
[20]) vom 9. Juni 1845, S. Nr. 588.
[21]) Lindenmayr, Serbien, S. 174.
[22]) Archiv des Kriegsministeriums, F. V., S. Nr. 33 vom Jahre 1851.

wendige Wärterpersonal) sondern auch ein neuer Posten, der des
ersten Thierarztes beim Militär enthalten ist, dem alsbald noch
ein Curschmied als Assistent zugetheilt wurde. Der erste serbische
Militärthierarzt, Jovan Todorovitj, wurde unter die Befehle des
Stabsarztes gestellt, dessen Aufgabe aus diesem Anlasse dahin präci-
siert wird, dass er „nicht bloss für einen guten Gesundheitszustand
der Mannschaft, sondern auch der Thiere im Militärdienst zu sorgen
habe." Der Wirkungskreis des Thierarztes ist „durch diätetische
Maassregeln, den guten Gesundheitszustand der Militärpferde und deren
ständige Brauchbarkeit für den Dienst zu sichern, und die kranken
Pferde zu behandeln", zu welchem Zwecke ihm die Errichtung eines
Thierspitals in Aussicht gestellt wird.

So fristete das Militärsanitätswesen sein Leben bis zum Jahre 1858,
in welchem die Nationalskuptschina Alexander Karagjorgjevitj,
der durch 18 Jahre seiner Regierung die Puppe in den Händen der
fremden Consuln und in denen der herrschsüchtigen Oligarchie des
Staatsrathes gewesen war, des Thrones verlustig erklärte und die
Restauration der Dynastie der Obrenovitje proklamierte. Im Januar
1859 kam der greise Fürst Milosch auf den von ihm gegründeten
Thron und schon am 14. Mai desselben Jahres erscheint die „Organisation einer selbständigen Militärdirection.[13])"

Der erste Paragraph derselben versteht die octroirte Landesverfassung so, dass der Oberbefehl über die bewaffnete Macht des
Landes dem regierenden Fürsten und nicht mehr dem Minister des
Innern gegeben ist. Deswegen lautet der § 2: „Für die Führung
aller Militärangelegenheiten Serbiens und als Organ des Fürsten Ober-
Commandanten, wird eine selbständige Militärdirection errichtet",
welche alle Gewalten in militär-technischer, administrativer, wirth-
schaftlicher, militärwissenschaftlicher, juridischer und militärärztlicher
Beziehung vereinigen wird." Auf der Spitze dieser Direction wird ein
Armeechef gestellt, der nach den Intentionen des Fürsten alle Militär-
angelegenheiten leitet, die Armee sowohl vor dem gesetzgebenden
Körper als auch in den Sitzungen des Ministerrathes vertreten wird,

---

[13]) Nr. 2197 des Ministeriums des Innern. Nr. 778 des Staatsrathes
vom Jahre 1859.

somit alle Rechte und Pflichten eines Kriegsministers haben wird
(§§ 7, 10, 11 und 12).

Kaum ein Jahr später erscheint schon die neue Armeeorganisation[14]) nach welcher die Militärdienstjahre auf drei festgestellt, der
dreimonatliche Urlaub der Soldaten, welcher aus ihnen immer wieder
Recruten machte, aufgehoben wurden. Was das Militärsanitätswesen
anlangt, so wurde dem Stabsarzte der Rang eines Majors gegeben
und neben den zwei Stabschirurgen folgende neue militärärztliche
Posten creirt:

4 Bataillonsärzte   mit je 450 Thaler Gehalt
4 Bataillonsärzte   - -   300   -   -
1 Cavallerie-Esquadronarzt 450   -   -
1 Cavallerie-Thierarzt mit 300   -   -
1 Artillerie-Arzt mit   350   -   -
1 Artillerie-Thierarzt mit   300   -   -

Fürst Milosch gab allen militärärztlichen Personen, welche er im
Dienste vorgefunden, als Belohnung für ihre eifrige Dienstleistung den
Rang und alle Rechte von Infanterie-Officieren. Das war aber nur eine
fürstliche Auszeichnung ad personam, es war diese Stellung in der
Armee, nicht auch für die künftigen Militärärzte gesetzlich geregelt.

Am 14. September 1860 starb der greise Befreier Serbiens, und
sein Sohn, der in der selbstgewählten Verbannung ein willensstarker
hochgebildeter Mann geworden, Fürst Michael Obrenowitj III. trat zum
zweiten Male auf den Thron Serbiens. Ein solcher Fürst, dem die
Mission Serbiens auf der Balkanhalbinsel immer vorgeschwebt, musste
sofort einsehen, dass mit den 3—4000 regulären Truppen, welche
das Budget des Fürstenthums erschwingen konnte, nichts auszurichten
war und deswegen hat er seinen zweiten Regierungsantritt mit der
Schaffung des serbischen Volksheeres begonnen[15]). In diesem
Gesetze heisst es:

„Zur Vertheidigung des Landes und zur Wahrung des serbischen Staatsrechtes wird das Volksheer, welches alle Männer vom
20. bis zum 50. Lebensjahre umfasst, errichtet (§ 1). Vom Dienste

[14]) vom 24. Mai 1860 Nr. 1420.
                        Nr. 926.
[15]) 17 August 1861 - Nr. 1054.
                        Nr. 1345.

im Volksheere werden blos die Personen des geistlichen Standes und solche, welche als zum Militärdienst körperlich gänzlich untauglich befunden werden sollten, ausgenommen (§ 2). Das Volksheer wird in zwei Klassen eingetheilt, von denen die erste immer mobilisirungsfähig zu halten, die zweite als Reserve zu behandeln ist. Die erste besteht aus einem Viertel aller Steuerzahler, welche den Jahren nach am jüngsten sind (§ 3, 4). Die Rekrutirung wird jedes Jahr vorgenommen werden und wird jeder Kreis [*4]) eine eigene Rekrutirungscommission bekommen, mit dem betreffenden Kreisphysikus als ärztlichem Mitglied der Commission (§ 5, 6). Das Volksheer wird aus folgenden Waffengattungen bestehen: Infanterie, Cavallerie, Artillerie und Pioniere. Die Infanteristen eines Bezirkes formieren ein Bataillon, alle Bataillone eines Kreises formieren ein Regiment des Volksheeres (§ 13). Die Städter von Belgrad und Kragujevac mit ihren Bezirken formieren 6 Batterien (1200 Mann). Jeder Kreis giebt ausserdem eine Esquadron Cavallerie und ein Detachement Pioniere zu 60 Mann (§ 14, 15, 16). Dieses ganze Volksheer von 16 Regimentern Infanterie, 17 Esquadronen Cavallerie, 6 Batterien Artillerie und 17 Detachements Pioniere wird in 5 Teritorialcommandos eingetheilt. Jeden Sonn- und Feiertag sollten die Militärexercitien des Volksheeres aufgeführt werden, im Nothfalle ausserdem noch 1—2 Tage in der Woche. Alle 15 Tage werden Bataillonsübungen gehalten werden, welche 2 Tage dauern. Jedes Regiment wird im Herbste auf 2 Wochen concentrirt und geübt. Auf Befehl des Landesfürsten können mehrere Regimenter zu grösseren Manövern zusammengezogen werden. Während der Manöver bekommt das Volksheer die Nahrung vom Staate, sonst muss jeder Landwehrmann für sich sorgen, nicht bloss für die Kleidung, sondern auch für die Waffen.

Dieser erste Anfang für die Organisation eines Volksheeres ist zu schnell gearbeitet worden, als dass wir nicht sehr vieles daran auszustellen hätten. Es scheint, dass der Verfasser dieses Gesetzes dem Fürst Michael eine so epochale Aufgabe gegeben, nie an die ernste Verwendung seiner Schöpfung gedacht hat, denn sonst hätte

---

[*4]) Serbien war damals in 17 Kreise eingetheilt. Die Stadt Belgrad bildet einen Kreis für sich.

er wenigstens Aerzte dem Volksheere gegeben, wenn er nicht an
an die Sanitäts-Detachements und Bessirtenträger-Compagnien denken
konnte, wovon im Texte seines Gesetzes keine Spur zu finden ist.

Aus dem Jahre 1862 haben wir mehreres zu verzeichnen. Eine
militärärztliche Commission hat einen sehr detaillirten Vorschlag für
das Rekrutationsreglement ausgearbeitet; an Stelle der Militärdirection
trat wieder ein förmliches Kriegsministerium, dessen Organisation [37])
in Bezug auf das Militärsanitätswesen als ein Rückschritt zu be-
zeichnen ist, denn jetzt gehörte das ganze Militärsanitätswesen in
die Administrative Abtheilung des Kriegsministeriums, seine Selbständigkeit ging verloren. Der einzige Gewinn für die Militärsanität
aus diesem Jahre ist das „Reglement über die Militär-
Apotheken" [38]), durch welches neben den Militär-Apotheken in den
Garnisonspitälern Belgrad und Kragujevac noch ein grosses Medica-
menten-Depot für die ganze Armee in Belgrad errichtet, und die
Organisation dieses Dienstzweiges geregelt wurde. — Schliesslich ist
1862 auch die neue Organisation des Militärstabes erschienen [39]), dem
das Commando des regulären Militärs übertragen wurde, aus der wir
bloss den § 12 erwähnen wollen, weil er anordnet, dass der „Stabschef
öfter die Militärkrankenhäuser zu inspiciren hat, um sich persönlich
zu überzeugen, ob alle sanitätspolizeilichen Maassregeln ausgeführt
werden. Er wird alle Offiziere bewegen, von nun an diesem speciellen
Dienste ihre grösste Aufmerksamkeit zu schenken".

Aus dem Jahre 1863 haben wir die erste serbische Militär-
pharmacopoe [40]), welche nach österreichischem Muster gemacht,
selbst ihren Schöpfer, den damaligen Stabsarzt Dr. Bellony, nicht befriedigte. Im November 1863 erschien auch das erste Gesetz über
den „Invaliden-Fond zur Unterstützung der im Dienste untauglich
gewordenen Soldaten".

Damals war ein französischer Oberst, Namens Hippolit Mondin
vom Napoleon III, dem Fürsten Michael zur Disposition gestellt;

[37]) Vom 10. März 1862, No. 1237. No. 591.
[38]) Vom 26. August, F.-No. 2965.
[39]) Vom 25. October F.-No. 4735.
[40]) Vom 20. Juni, No. 3319.

Gjorgjewitj. 3

dieser französische Officier wurde nun zum serbischen Kriegsminister ernannt und ihm die Organisation der serbischen Armee anvertraut. Selbstverständlich kann ich seine reformatorische Thätigkeit in der serbischen Armee hier nur insofern in Betrachtung ziehen, als er auch das Militärsanitätswesen zu reformiren hatte. Diese Aufgabe hat er herzlich schlecht gelöst. Nach seiner Organisation des Kriegsministeriums vom 19. Februar 1864[40]) gehört das ganze Militärsanitätswesen in das Ressort der ökonomischen Abtheilung, welche nach ihrer Zusammensetzung ein Abklatsch der XIV. Abtheilung des österreichischen Kriegsministeriums war. Im Gesetze vom 20. März 1864 „über die Organisation der Armee"[41]) wird das Militärsanitätswesen als „Spitalfach" aufgefasst und folgendermaassen geregelt:

„§ 28. Die Aufgabe des Spitalfaches ist all' dasjenige vorzubereiten, was zur Behandlung der kranken oder verwundeten Soldaten nothwendig ist. Die Anstalten, welche diesem Fache angehören, sind: Die Krankenhäuser und die Depôts für Medicamente und Spitaleinrichtungen.

§ 29. Die Krankenhäuser werden in ständige und provisorische eingetheilt. Zu den ersteren gehören die Garnisonspitäler in Belgrad und Kragujevac; die provisorischen werden in Fällen von Truppen-Concentrationen errichtet werden. Die Depôts haben die Aufgabe die Bedürfnisse der ständigen Hospitäler zu decken und eine Reserve für die im Nothfalle zu errichtenden Feldlazarethe bereit zu halten.

§ 30. Ueber Vorschlag des Kriegsministers werden durch Fürstliches Dekret diejenigen Orte im Innern des Landes bestimmt werden, an denen, nach dem jeweiligen Truppenstande und den Verhältnissen, Militär-Krankenhäuser zu errichten wären.

§ 31. Das Personal des Spitalfaches besteht aus Aerzten und Apothekern, aus Spitalskommissären und aus Krankenwärtern. In jedem Krankenhause stehen die Krankenwärter unter den unmittelbaren Befehlen eines Offiziers, des Spitals-

---

[40]) Gesetzsammlung des Fürstenthums Serbien. Bd. XVII. S. 44.
[41]) Gesetzsammlung. Bd. XVII, S. 95—110.

kommissärs, der die Disciplin zu halten und die Oeconomie-
verwaltung des Krankenhauses zu leiten hat. Diese Agenda
müssen im Interesse des Dienstes von den rein ärztlichen ab-
gesondert werden. Der Kommissär darf sich in die rein ärztlichen Angelegenheiten ebenso wenig mischen, wie die Aerzte
in die Oeconomie-Verwaltung oder in Disciplinar-Angelegen-
heiten.

§ 32. Das ärztliche Fach umfasst drei Branchen, die
ärztliche, die chirurgische und die pharmaceutische. In jeder
dieser Branchen besteht folgende Rangordnung: Assistent
(ärztlicher, chirurgischer, pharmaceutischer), Arzt, Chirurg,
Apotheker und Chefarzt, Chefchirurg.

Die Assistenten werden in zwei Klassen eingetheilt, von
denen die zweite der Charge eines Secondelieutenants, die
erste der Charge eines Premierlieutenants entspricht. Die
Aerzte, Chirurgen und Apotheker werden gleichfalls in zwei
Klassen eingetheilt, von denen die zweite der Charge eines
Hauptmanns II. Kl., die erste den Hauptleuten I. Kl. entspricht. Die Chef-Aerzte und Chef-Chirurgen haben ebenfalls
zwei Klassen entsprechend, den Chargen der Majore und
der Oberstlieutenants.

Somit giebt es im ärztlichen Fache keine
Offizierschargen.

§ 33. Die Aerzte und Chirurgen können sowohl den
Krankenhäusern als auch den Truppen zugetheilt werden. Die
Chef-Aerzte und Chef-Chirurgen aber können bloss den Kranken-
häusern angehören.

§ 35. Die Krankenwärter werden aus den Freiwilligen
rekrutirt und nur dann, wenn der Bedarf auf diese Weise nicht
gedeckt werden kann, wird die fehlende Zahl aus Soldaten
ohne Unterschied der Waffengattung commandirt. Deren Zahl
wird durch das Budget bestimmt, wobei auf je 10—12 Kranke
ein Wärter zu rechnen.

§ 36. Die Militärkrankenwärter sind vollständig als
Militärpersonen zu betrachten und zu behandeln etc."
Wie wir sehen, handelt es sich hier um eine treue Copie der damaligen

Organisation des französischen Militär-Sanitätsweseus, welches so wenig Nachahmenswerthes hatte. Die serbischen Militär-Aerzte. welche schon Infanterie-Offiziers-Chargen hatten. wurden dem französischen Vorbilde zu Liebe wieder zu Offiziers-Hermaphroditen degradirt. Von Sanitäts-Detachements. von Blessirten-Träger-Compagnien keine Rede! Ja man hat sogar der Militär-Uniform der Militär-Aerzte die Offiziersabzeichen abzunehmen und dieselben durch französische Stickereien zu ersetzen versucht. aber das verhinderte Fürst Michael durch einen persönlichen Befehl an den Kriegsminister. Die ganze Correspondenz zwischen dem Kriegsministerium und den Militär-Krankenhäusern ging durch den Spital-Commissär. der sich allmählich gewöhnte, von „ihm unter-stehenden Aerzten" zu schreiben. Für den Dienst sehr schädliche Conflicte waren unvermeidlich.

Am 20. Februar 1865 erschien ein Zusatzartikel zum Gesetze über die Armeeorganisation betreffend die Organisation des Militär-Veterinär-Wesens[*)], nach welcher die Aufgabe dieses Dienstzweiges dahin definirt wird „mitzuwirken bei allen Agenden, welche die Auswahl, Anschaffung, Beschlagen, Ausmusterung der Militärpferde und anderer für den Militärstand nothwendigen Thiere betreffen, und für die Gesundheiterhaltung der Militärthiere sowie für das Behandeln in Krankheitsfällen Sorge zu tragen". Zu dem Behufe werden ständige und provisorische Thierspitäler und Hufschmieden errichtet. Die Militärthierärzte sind mit den Rechten der Civilbeamten ausgestattet. Der Chefthierarzt I. Kl. hat 500 Thaler jährlicher Bezahlung. Der thierärztliche Assistent II. Kl. hat 200 Thaler. Die Militärhufschmiede werden wie die Militärkrankenwarter rekrutirt und sind Soldaten.

Aus diesem Jahre haben wir das erste Project des Chefarztes Dr. Bellony „über die Organisation der Sanitätstruppen" [**)] welches ziemlich genau nach dem damaligen Stande dieser Frage in der österreichischen Armee ausgearbeitet war und den ganzen Dienstauf dem Schlachtfelde, in den Verbandsplatzen und den Feldhospitälern umfasste. Der Kriegsminister ernannte eine Commission. welche ein ganzes Jahr dieses Project studirte und schliesslich mit kleinen Abänderungen

---

[*)] Gesetz-Sammlung, Bd. XVIII, S. 17—22.
[**)] vom 10. August 1865 Nr. 2589.

angenommen hat. Dann wurde das Project ruhig ad acta gelegt. Dieser Erfolg war nicht im Stande die Energie des Dr. Bellony zu brechen, denn am 20. Februar 1867 unterbreitet er dem Kriegsminister ein ganzes Buch, enthaltend ein vollständiges Project über die Organisation des Militärsanitätsdienstes der serbischen Armee für die Friedenszeit sowohl als auch im Kriege. [43]) Wenn wir heute, nach den grossartigen militärärztlichen Erfahrungen der deutschen Kriege von 1866 und 1870 71 das Project des Dr. Bellony durchlesen, werden wir wohl finden, dass der Organismus der ihm vorgeschwebt, ziemlich schwerfällig, complicirt und für die serbische Armee unpassend war, aber im Jahre 1867 war er zeitgemäss und hatte gewiss eine Epoche in der Entwickelung des serbischen Militärsanitätswesens geschaffen, wenn er angenommen worden wäre, was aber leider nicht der Fall war. Auch der Vorschlag des Dr. Bellony der Genfer Convention beizutreten wurde mit dem Bescheide dass ein solcher Vorschlag, „als der jetzigen politischen Situation nicht entsprechend, nicht angenommen werden kann" abgewiesen.

Jetzt kommen wir zu einer Catastrophe in der Geschichte Serbiens, welche nicht bloss die Entwickelung des serbischen Militärsanitätswesens, sondern auch die Existenz des Fürstenthums in Frage stellen konnte. Dieselben feindlichen Einflüsse, welche seit dem Auferstehen des neuen serbischen Staates unermüdlich darauf hin arbeiten, die Consolidirung des Fürstenthums zu stören, in der Voraussetzung, dass die gewaltsame Hinwegräumung des kinderlosen Fürsten Michael, genügen würde, anarchische Zustände in Serbien zu schaffen, welche aus demselben wieder eine türkische Provinz machen würde, dieselben feindlichen Einflüsse Serbiens, mietheten einige Zuchthaussträflinge um einen grässlichen Fürstenmord auszuführen.

Der Stolz Serbiens, die Hoffnung aller Völker der Balkanhalbinsel, der hochsinnige und edle Fürst Michael Obrenovitj III., fiel am 29. Mai 1869 auf einer Promenade in seinem Thiergarten bei Toptschider unter den Revolverschüssen dieser Mörder welche selbst den leblosen Körper des Fürsten verstümmelten. Aber die moralischen Urheber dieser Schandthat hatten sich in Bezug auf die Lebensfähig-

[43]) Zum Referate Nr. 4542 vom Jahre 1867.

keit des neuen serb. Staates gewaltig verrechnet. Die grosse Volksversammlung Serbiens setzte, dem Erbfolgegesetze gemäss, auf den
blutigen Thron der Obrenovitje das 12jährige Enkelkind Jevrem
Obrenovitj's, gab ihm zur Seite bis zur Volljährigkeit eine Regentschaft, und Serbien war während der Minderjährigkeit seines Fürsten
ein solches Muster der Ruhe, Ordnung und Vaterlandsliebe, dass fünf
Jahre später der Fürst Milan Obrenovitj IV. an die vollständige
Unabhängigkeit seines Staates denken, und Vorbereitungen für die
späteren Kriege mit dem Osmanenreiche treffen konnte.

Von der Thätigkeit der fürstlichen Regentschaft auf dem Felde
des Militairsanitätswesens haben wir folgendes zu verzeichnen:

Sobald der deutsch-französische Krieg 1870 ausgebrochen, und
ein serbischer Staatszögling auf der medicinischen Facultät in Wien,
Dr. Gjorgjevitj, um Erlaubniss gebeten, die deutsche Armee als
Arzt zu begleiten, und das Militärsanitätswesen im Felde zu studiren
— sendete die fürstliche Regentschaft eine ganze Mission von Officieren
und Aerzten in die deutsche Armee. Unter diesen Aerzten befand
sich auch Dr. Gjorgjevitj. Die Aerzte kamen am Tage der Schlacht
von Gravelotte bis Volkmont, wo sie einen Generalarzt begegneten und
ihm ihr Empfehlungsschreiben überreichten, das an Niemand geringeren
als — an Bismarck adressirt war.

— Was? Bismarck? — sagte der kurz angebundene Generalarzt — unser Generalconsul in Belgrad muss doch nichts weiter
als ein Kaufmann sein, wenn er Sanitätspersonale an den Minister
des Aeussern schickt. Nein, meine Herren, bis zu Bismarck können
Sie jetzt nicht mehr dringen, und selbst wenn er Sie empfangen
würde, müsste er Ihre Angelegenheit in meine Hände legen, und ich
kann Ihnen gleich hier sagen, dass wir bei der Armee genug Aerzte
haben und Ausländer nicht bis in die erste Schlachtlinie vordringen
lassen können. Wenn Sie eine Verwendung bei uns bekommen wollen,
so folgen Sie meinem Rathe. Gehen Sie nach Mainz, stellen sich
dem Oberstabsarzte Schmidt vor, er wird Ihren Wunsch an das kgl.
Kriegsministerium in Berlin leiten. Das ist der einzige richtige Weg.
Adieu!"

Die serbischen Aerzte folgten diesem Rathe und nach 6 Tagen
bekamen sie die Antwort aus Berlin, dass fremde Aerzte blos in

Reservehospitälern Verwendung finden können, wenn sie vorher eine vierwöchentliche Probezeit abgedient haben. Mit dieser Bedingung erklärte sich blos Dr. Gjorgjevitj einverstanden (die anderen Aerzte besuchten als ärztliche Touristen alle grösseren Reservekrankenhäuser in Deutschland und gingen zurück nach Belgrad) und diente seine Probezeit auf dem Verwundetentransportschiffe „Josef Müller" ab, mit dem er die Verwundeten von Mainz bis nach Bibrich, Bonn, Coblenz und Düsseldorf führte. Während dieser Zeit übersetzte Dr. Gjorgjevitj die ganze preussische Instruction für den Sanitätsdienst im Felde und übergab seine Uebersetzung der serbischen Regierung. Dann wurde er ordinirender Arzt im Reserve-Lazareth Nr. 1 auf der Pfingstweide in Frankfurt a. M., wo er drei Monate als Operateur thätig war, um dann auf seinen Posten auf der chirurgischen Universitätsklinik des Hofrathes Prof. Billroth in Wien zurückzukehren. Seine chirurgischen und militärärztlichen Erfahrungen am Rhein und in Frankfurt a. M. legte Dr. Gjorgjevitj in einem Buche nieder, welches vom serbischen Kriegsministerium herausgegeben wurde,[46]) und welches ein Project für den Feldsanitätsdienst der serbischen Armee und eine sehr detaillirte Organisation für die serbische Gesellschaft vom rothen Kreuze, deren sofortige Creirung vorgeschlagen wurde, enthalten hat.

Nachdem auch die anderen Mitglieder dieser ärztlichen Mission nach Deutschland ihre Berichte eingereicht, ernannte der Kriegsminister[47]) eine grosse, aus Civil- und Militärärzten bestehende Commission, welche unter Vorsitz des Militärintendanten die Aufgabe hatte: a) den gegenwärtigen Stand des militärärztlichen Faches zu studiren und b) die Vorschläge für eventuelle Reformen zu formuliren.

Diese Commission hat in 8 Monaten 23 Sitzungen gehalten und ein Elaborat zu Stande gebracht, welches sehr viel lobenswerthes aufzuweisen hat, obwohl es in die so wichtigen Details des Feldsanitätsdienstes nicht eingegangen ist.

Leider ist auch diese mühevolle Arbeit erfolglos geblieben, wie

---

[46]) Kriegsministerium. — Militärärztliche Briefe des Dr. Vladan Gjorgjewitj. Chef-Chirurgen des Militärkrankenhauses. Mit einer lithographischen Tafel und 7 Beilagen. Belgrad 1872. 206 S.

[47]) Unterm 9. Januar 1871, E,-No. 160).

aus einem Referat des Chefarztes im Kriegsministerium⁴⁸) zu ersehen, in welchem Dr. Bellony auf dem Seitenwege eines Ministerialreskriptes betreffend den Garnisonsdienst des Militärsanitätswesens, die hauptsächlichen Bestimmungen des erwähnten Elaborates einzuführen versuchte. Der Kriegsminister merkte die Absicht und wurde verstimmt.

Aus dem Jahre 1872 haben wir ein Gesetz⁴⁹) „über die Uniformirung des militärärztlichen Personals" zu verzeichnen. Diese Uniform wurde endlich der anderer Officiere ganz ähnlich und unterschied sich von denselben bloss durch die Farbe der Aufschläge und durch die Aeskulapstäbe auf den Achselklappen. Aber trotz dieser Uniform blieb die Stellung der Militärärzte im Officierskorps und in der Armee eine so unerquickliche, dass der Kriegsminister gezwungen war, durch einen besonderen Tagesbefehl an die Armee⁵⁰), die militärischen Ehrenbezeugungen für die Militärärzte zu erzwingen.

Der unermüdliche Dr. Bellony versuchte noch ein Mal diesem unerträglichen Zustand ein Ende zu machen in Form von „Zusatzartikeln zum Gesetz über die Armeeorganisation"⁵¹), aber auch diesmal ohne jeglichen Erfolg. Es war eben noch nicht die Zeit gekommen, die Wichtigkeit des Militärsanitätswesens für die Armee einzusehen, und das Officierskorps der serbischen Armee, so jung es auch war, hatte schon jenen „Korpsgeist" mit dem die Militärärzte aller anderen Armeen so lange zu kämpfen hatten, beziehungsweise noch zu kämpfen haben.

Erst mit dem Regierungsantritte des Fürsten Milan M. Obrenovitj IV wendete sich auch das Schicksal des serbischen Militärsanitätswesens zum Bessern. Am 29. Januar 1875 wurde ein Gesetz promulgirt⁵²), durch welches die Militärärzte und Apotheker, Sanitätsofficiere wurden und Officierschargen bekamen. Die Chefärzte der Militärkrankenhäuser wurden die factischen Commandanten derselben, der Truppenofficier, welcher als Commisär die Spitalverwaltung

---

⁴⁸) Vom 3. Dezember 1871. E.-No, 5584.
⁴⁹) Gesetzsammlung des Fürstenthums Serbien, Bd. XXV, S.62.
⁵⁰) Vom 26 Juni 1873.
⁵¹) Referat F.-No. 2522 vom Jahre 1873.
⁵²) Gesetzsammlung, Bd. XXII, S. 2.

leitet, wurde mitsammt dem ganzen Personale unter die Befehle des Chefarztes gestellt und so eine einheitliche Leitung der Militärlazarethe erzielt. Demgemäss heisst es nun im Disciplinargesetz der Armee [13]).

„§ 75. Die Officiere des Sanitätskorps haben folgende Disciplinarbefugnisse:

Die Abtheilungschefs in den Militärlazarethen haben die Strafrechte der Compagniechefs, die Chefsärzte der Lazarethe und der Chef der Truppenärzte, dasjenige der Bataillonscommandanten. Der Chefsarzt im Kriegsministerium, als Chef des ganzen Sanitätsofficierskorps hat die Disciplinargewalt eines Brigade-Commandanten".

Durch diese gesetzlichen Bestimmungen, welche wenigstens einen Theil der militär-ärztlichen Wünsche befriedigte, wird die erste Periode in der Geschichte des serbischen Militär-Sanitätswesens die vierzigjährige Periode (1835—1875) der allmähligen Entwickelung in Friedenszeiten abgeschlossen.

Bevor wir nun in die zweite Periode dieser Entwickelung, während der serbisch-türkischen Kriege, eintreten, wäre es wünschenswerth, wenigstens in grossen Zügen die Leistungen des serbischen Militär-Sanitätswesens während der ersten 40 Jahre im Versorgen des Heeres mit dem Sanitätspersonal und Material, auf dem Felde der Militärhygiene, in der Errichtung und Leitung der ständigen und provisorischen Krankenhäuser und Ambulatorien, in den statistischen Arbeiten über die Morbidität und Mortalität des serbischen Heeres, in der militär-ärztlichen Fachliteratur — durchzunehmen. Obwohl mir in dieser Beziehung ein sehr reiches Material in der, vom Kriegsministerium herausgegebenen, und auf Grund von 20.000 amtlichen Actenstücken geschriebenen „Geschichte des serbischen Militär-Sanitätswesens" [14]) zur Disposition steht, so sehe ich doch ein, dass nicht ein-

---

[13]) Vom 15. Juni 1875, F.-No. 3288.

[14]) Kriegsministerium — Geschichte des serbischen Militär-Sanitätswesens von Dr. Vladan Gjorgjevitj. Erstes Buch. 1835—1875. Mit einer Einleitung über die Geschichte des Militär-Sanitätswesens der grossen europäischen Staaten, mit einer Chromo-Litographie und vielen Plänen der serbischen Kasernen und Militär-Lazarethe. Belgrad 1879. In 8° XXV und 816 Seiten. Dann ein Namenregister von XXXIV Seiten.

mal die kleinste Skizze davon in den Rahmen einer Abhandlung, welche ohnedem zu grosse Dimmensionen angenommen hat, hineingezwängt werden kann. Ich werde mich also damit begnügen müssen, darüber nur kurze Andeutungen zu geben.

Was das Personal und die Ausrüstung des serbischen Militär-Sanitätswesens betrifft, so gelang es bei der fortwährenden Vermehrung des regulären Militärs in den Garnisonen,[*]) welche in den letzten Jahren 5000 Mann hatten und bei der Vermehrung der Landwehr auf 150,000 Mann, der Leitung des serbischen Militär-Sanitätswesens nicht, vor der Kriegsgefahr alle militär-ärztlichen Posten zu besetzen.

Im Jahre 1875 hatte die serbische Armee factisch nicht mehr als 19 Aerzte, 5 Assistenzärzte, 5 Apotheker, 7 Thierärzte. In den 17 Brigaden des Volksheeres war je ein Civilarzt, der Physikus des betreffenden Kreises, der Stellvertreter des Militärarztes. Das war das ganze Personal.

Das Militär-Sanitäts-Depôt hatte im Jahre 1875 folgendes Material:

   119 Aerztl. chirurg. Taschen-Etuis,
   74 Schachteln mit Amputations-Instrumenten,
   25 Kistchen mit Amputations-u. Ressections-Instrumenten,
   4 gr. Kisten mit ziemlich vollständigem Instrumentarium
      für grosse Krankenhäuser,
   250 Amerikanische Kugelzieher,
   500 Petit'scher Tourniquets,
   4000 Schlink'scher Tourniquets,
   20 Irrigatoren,
   500 Wundspritzen,
   500 Klystire.

[*]) Die Truppenzahl betrug:

Im Jahre		Mann
1835—1841	. . .	800 Mann,
„ 1842—1847	. . .	1200 „
„ 1848	. . . . .	2529 „
„ 1849	. . . . .	3129 „
„ 1850—1859	. . .	2500 „
„ 1860—1871	. . .	3000 „
„ 1872—1875	. .	5000 „

500 elastische Katheter,

50 St. elastische Bougien.

924 Bahren für den Transport Verwundeter.

1 Wagen für den Transport Verwundeter (nach österreichichem Model).

50 Pravatz'sche Spritzen für subcut. Inj.

100 Eisblasen,

60 Rollen Kautschuk-Leinwand,

50 Operationstische,

1 Sattel mit 2 Litièren,

1 Sattel mit 2 Cacolets,

5000 Stück Holzschienen,

1000 Krücken.

3921 Stück Trag-Gurte für die Bahren,

100 Kisten mit Nothstühlen.

20 Bissaks mit Verbandmaterialien gefüllt (für die reitenden Aerzte),

28 grosse Verbandtaschen (gefüllt),

1 Verbandkorb (gefüllt),

1 französische militär-chirurgische Cantine (gefüllt),

24 Eiterbecken,

1000 Kilo Charpie,

50 Kilo engl. Charpie,

3000 Meter Leinwand- (Faschen-) Binden,

4500 Meter Leinwand.

90 Paar gefüllte Feld-Apotheken mit dazu gehörigen Satteln zum Aufladen und Tragen auf Pferden,

6 Zelte für die Verbandplätze.[54])

Das war die ganze Ausrüstung des Militär-Sanitätswesens einer Armee von 150,000 Mann. welche in 40 Jahren Friedenszeit mit grosser Mühe und Noth der Militär-Aerzte angeschafft werden konnte. Wie überall waren auch in Serbien die Sparsamkeitsrücksichten beim Militär-Sanitätswesen die massgebendsten.

Als das „Bischen Herzegowina" die orientalische Frage in's Rollen zu bringen anfing, beeilte sich der serbische Kriegsminister den

---

[54]) Ibidem, S. 342—368.

Sanität-majoren Dr. Gjorgjevitj und Dr. Petrovitj den Befehl ⁵⁵) zu ertheilen, so schnell als möglich einen Voranschlag für die Sanitätsausrüstung des ganzen Heeres auszuarbeiten; als aber dieser Voranschlag die Summe von 1,320.000 Francs als diejenige bezeichnete, welche nothwendig sei, eine Armee von 150,000 Mann mit einem modern ausgerüsteten Feld-Sanitätswesen zu versehen — wurde dieser Bericht ad acta gelegt sammt der Instruction, die für den SanitätsOffizier ausgearbeitet war, der nach Deutschland geschickt werden sollte, um einen grossen Theil der Ausrüstung dort anzuschaffen. —

Die hygienischen Verhältnisse der serbischen Armee waren in der ersten Periode unserer Geschichte unter aller Kritik, in Folge dessen auch die Morbidität der Soldaten eine colossale. Anstatt diesen Mängeln abzuhelfen, suchten die ersten Militärärzte die Erklärung für diese Erscheinung in der Nostalgie der Soldaten, der sie fürchterliche Eigenschaften andichteten. Die Kasernen waren unzweckmässig gebaut, und was noch ärger war, so überfüllt, dass im Jahre 1849 die Soldaten auf den Betten, unter den Betten und in den Zwischenräumen auf den Fussboden lagen. Dazu brachten die im Winter zusammengezogenen Rekruten eine Masernepidemie von zu Hause in die Garnison, welche unter solchen Umständen solche Dimensionen annahm, dass man im Ganisonsspitale nicht bloss die Corridore als Krankenzimmer benützen musste, sondern gezwungen war, aus den Krankensälen alle Bettstellen hinauszuwerfen, um nur mehr Patienten auf dem Fussboden auflegen zu können. In Folge dessen wurde die Mortalität eine furchtbare. In jenem Jahre waren 2930 Soldaten krank und davon starben nicht weniger als 276, so dass sie thatsächlich decimirt wurden. Selbst eine solche Morbidität und Mortalität war nicht im Stande die Betreffenden zu bewegen, neue, grössere und zweckmässigere Casernen zu bauen! Man begnügte sich damit, die Rekrutirung im Winter zu verbieten, die Hälfte der Mannschaften alle drei Monate nach Hause zu schicken um sie nach ¹⁄₄ Jahr wieder als Rekruten zu bekommen. Höchstens, dass man im Sommer die Soldaten im Freien, unter Zelten lagern liess. —

Ein Blick auf die damaligen Kasernen würde genügen um zu

---

⁵⁵) Vom 5. August 1875, E.-No. 4200.

zeigen, dass auch die besten Zimmer derselben nicht ein Mal die Hälfte des wünschenswerthen Kubikraumes für die darin wohnenden 25 Mann aufzuweisen hatten, vom Lichte gar nicht zu reden, wo auf 12—13 Mann ein Fenster kommt!

Die Artillerie- und Cavallerie-Stallungen, welche viel neueren Datums sind, erscheinen viel zweckmässiger gebaut, als die Kasernen der betreffenden Truppentheile.

Im Jahre 1864 musste sogar eine Art von „epidemischen" Auftreten des Scorbuts, mit einigen lethalen Ausgängen kommen, um die Aufmerksamkeit auf die Ernährung der Soldaten zu lenken. Trotz der Anstrengungen der Militärärzte eine rationellere und dem sehr anstrengenden Garnisonsdienst der Truppen entsprechendere Soldatenkost einzuführen, herschte in den Ansichten der Maassgebenden über die Ernährung der Truppen ein solches Chaos, dass der Militärstabschef bald aus öconomischen, bald aus religiösen Rücksichten das Quantum des Schmalzes in den Portionen zu vermindern, oder aus Mittwoch und Freitag jeder Woche Fasttage zu machen vorschlägt. Der Kriegsminister ist noch religiöser und ordnet das Fasten nicht bloss für die zwei Tage in der Woche, sondern auch während der vier Jahresfasten, welche die griechische Kirche vorschreibt, und welche etwa 200 Tage im Jahre betragen. . . . Wenn man bedenkt, dass bei den griechischen Fasten nicht bloss der Fleischgenuss verboten, sondern alle Thierproducte (Schmalz, Eier, Milch, Käse), dass die Soldaten während der Fasten nichts als Brod und im Wasser gekochte Fisolen zum Essen bekamen, so kann man sich leicht eine Idee von dieser Ernährung machen. Glücklicherweise dauerte diese religiöse Strömung nie lange, den der Kriegsminister ordnete gerade so leichten Herzens auch das Aufheben der Fasten in der Armee an.

Das einzige was von hygienischen Maassregeln in den ersten 40 Jahren unserer Geschichte in der serbischen Armee ausgeführt wurde, war die Impfung und Revaccination der Soldaten, welche fortwährend fleissig betrieben wurde. Daneben wurde auch eine ziemliche Aufmerksamkeit den Vorbeugungsmaassregeln gegen die venerischen Erkrankungen der Soldaten geschenkt.

Mehr als für Militärhygiene, welche übrigens auch in grösseren Staaten zu derselben Zeit noch in den Kinderschuhen war

— thaten die maassgebenden Kreise der serbischen Armee für die Militärkrankenhäuser. Nicht bloss, dass jeder Truppentheil sein eigenes Ambulatorium, jede, auch die kleinste Garnison, ihr grösseres oder kleineres Krankenhaus bekam, die Regierung baute in Belgrad (1848—1849) und in Kragujewac (1865) je ein Militärlazareth, welche zusammen nicht weniger als 400 000 Francs gekostet haben. Diese Gebäude zeigen einen bedeutenden Fortschritt in der Spitalshygiene, aber wenn man sie im Detail genau ansieht, kommt man bald zur Ueberzeugung, dass bei diesen Bauten bloss Architecten, aber kein Arzt consultirt worden.

In Anbetracht der oben angedeuteten hygienischen Verhältnisse der Armee, wird es nicht Wunder nehmen, dass bloss in den Krankenhäusern derselben während der Periode 1835—1875, also ernst kranke Soldaten an 104 154 Mann behandelt wurden. Die zehn Hauptgruppen von Erkrankungen waren folgendermaassen vertheilt:

Krankheiten der Respirationsorgane . . . 18,1 °₀,
Chirurgische und Hautkrankheiten . . . 13,25 „
Wechselfieber . . . . 12,6 „
Krankheiten der Verdauungsorgane . . 11,33 „
Infectionskrankheiten . . . . 10,4 „
Krätze . . . . 6,65 „
Venerische Erkrankungen . . . . . . 6,35 „
Rheumatismus . . . . 3,9 „
Augenkrankheiten . . . . 2,3 „
Andere innere Erkrankungen . . . . . 4,15 „

Hier bin ich zum ersten Male zufrieden, dass mir der Rahmen einer kleinen Abhandlung nicht erlaubt, mich in Reflexionen einzulassen, welche solche Procentsätze dem Hygieniker aufdrängen.

Von diesen 104 154 Patienten wurden 94 901 geheilt entlassen, also 91,11° ₀.

Bis zum Jahre 1853 wurde kein Soldat wegen körperlicher Untauglichkeit aus dem Armeeverbande entlassen. Aus den folgenden Jahren (mit Ausnahme von fünf Jahren in denen wir keine Notizen fanden) haben wir 1223 Invalidisirungsfälle zu verzeichnen, also 1,17° ₀ der gesammten Krankenzahl. Davon wurden als untauglich entlassen: wegen Tuberculose 390, wegen Exsudaten in der Brust und Bauchhöhle 163, wegen Hernien 57 etc.

Die Mortalität ist eine grosse, aber aus dem Gesagten sehr erklärliche. Von den 104 154 Kranken sind 3189 gesorben, also 3°₀. Das grösste Contingent der Todesfälle gaben die Krankheiten der Respirationsorgane, dann die Infectionskrankheiten, andere innere Erkrankungen, Krankheiten der Verdauungsorgane, ja es sind sogar 33 Todesfälle an Febris intermittens perniciosa verzeichnet.

Vergleichen wir diese Resultate mit den Morbiditäts- und Mortalitätsverhältnissen in anderen europäischen Armeen,[**] natürlich bloss für die letzten Jahre, so bekommen wir folgende Tabelle:

In welchem Jahre	In welcher Armee	Wie viel Soldaten waren von jedem Tausend krank		Wie viel genesen von Tausend Kranken	Wie viel untauglich erklärt auf jedes Tausend des Präsenzstandes	Wie viel gestorben von Tausend	
		Im Revier oder in den Ambulatorien	Schwer krank in den Lazarethen			Soldaten	Kranken
1874	In der serbischen Armee . .	2628	813.6	965	40.0	17.0	4.9
1872	„ „ deutschen Armee . .	207	558	921.8	13.8	3.41	—
1873	„ „ österr.-ungar. Armee	995	462	862	47.0	27.9	10.0
1872	„ „ französischen Armee	—	—	—	—	8.97	—
1872	„ „ russischen Armee . .	523.5	540.2	—	18.77	18.42	
1874	„ „ italienischen Armee .	1000			—	—	14.47
1874	„ „ englischen Armee . .	—	—	—	—	20.0	—

Diese Zahlen zeigen genügend, wie schlecht die hygienischen Lebensverhältnisse der serbischen Truppen noch im Jahre 1874 waren, aber sie zeugen auch dafür, dass die serbischen Militärärzte immer mehr auf der Höhe ihrer Aufgabe standen, so das wir in den letzten Jahren der ersten Periode unserer Geschichte ein Mortalitätsprocent in der serbischen Armee finden, welches günstiger ist als Dasjenige

[**] Handbuch der Militargesundheitspflege von Dr. Wilh. Roth, königl. sächsischer Generalarzt, und Dr. Rudolf Lex, königl. preuss.Oberstabsarzt. Berlin. 1872—1877. — Dritter Band, S. 490—573.

der österreichisch-ungarischen, der russischen, der italienischen und der
englischen Armee. Dieser Erfolg des serbischen Militärsanitätswesens in
Friedenszeiten mag mir auch als Entschuldigung dienen, wenn ich hier seiner
Geschichte mehr Aufmerksamkeit geschenkt habe als es vielleicht nothwendig war.[39])

[40]) Von den literarischen Arbeiten der serbischen Militärärzte in der
ersten Periode mögen hier Erwähnung finden:

1. Belehrung für die Militärkrankenwärter und die Sanitätstruppen, von
   Dr. Bellony, 1866.
2. Belehrung über Wunden und andere Verletzungen. Für die Landwehr,
   von Dr. Radivojevitj, 1867.
3. Die Nothhilfe unter Soldaten bei plötzlichen Unfällen und Lebens-
   gefahren, von Dr. Bellony, 1869.
4. Der erste Verband auf dem Schlachtfelde, von Dr. Esmarch, übersetzt
   von Dr. Bellony, 1870.
5. Instruction für die Verwundetenträger, übersetzt von Dr. Bellony, 1871.
6. Die Grundprinzipien der Militärhygiene. Vorlesungen in der Offizier-
   schule zu Belgrad gehalten von Dr. Vladan Gjorgjevitj. Militärarzt
   Professor an der Militärakademie. Belgrad, 1874, in 12°, 362 Seiten.
7. Der Krankenwärterdienst, nach der preussischen und schweizerischen
   Instruction (für Lazarethgehülfen, Blessirtenträger, Frater und Krankenwärter) für die Sanitätscompagnien der serbischen Armee ausgearbeitet
   von Dr. Vladan Gjorgjevitj. Mit 85 Holzschnitten im Texte.
   Belgrad, 1874, in 12° Seiten XIV und 214.
8. Die Simulation der Soldaten. Nach Boisseau, Morache etc. von Dr.
   Sava Petrovitj, Militär-Chef-Arzt II.Cl. Belgrad, in 12° Seiten 231.

Ausserdem erschienen von Dr. Vladan Gjorgjevitj folgende Arbeiten:

a) Ueber Lymphorrhoe und Lymphangiome (serbisch in den Annalen der
   gelehrten Gesellschaft, deutsch im Langenbeck'schen Archiv für
   klinische Chirurgie, Bd. XI.)
b) Ueber Cauterisation der Wunden und der blosgelegten Venen, (in
   Gemeinschaft mit Dr. Gersuny, deutsch in Langenbeck'schen Archiv,
   Bd. XII, serbisch in den Annalen der serb. gelehrten Gesellschaft).
c) Die ersten Jahre der Privatpraxis, (im Serbischen Archiv für die gesammte Heilkunde, Organ der serb. Gesellschaft der Aerzte, Bd. II.
d) Billroth's allg. chirurgische Pathologie und Therapie (in der zweiten
   Abtheilung — für Uebersetzungen — des serb. Archivs für die gesammte Heilkunde, Bd. I.)
e) Landsbergers kriegschirurgische Technik, (Ibidem).
f) Das rothe Kreuz auf dem weissen Felde. Oeffentliche Vorlesungen zu
   Gunsten der verwundeten Herzegowiner, im Saale des bürgerlichen
   Casino's zu Belgrad, gehalten vom Sanitätsmajor Dr. Vl. Gjorgjevitj,
   Leibarzt S. H. des Fürsten, 1876, in 8° Seiten 156. Diese Vorlesungen
   wurden die Veranlassung zur Gründung der serbischen Gesellschaft
   vom rothen Kreuze.

Ende 1875 fing man auch in der serbischen Armee an, Kriegsvorbereitungen zu treffen. Eine Commission (bestehend aus dem
Oberstlieutenant vom Generalstabe Kalinitj und den Sanitätsmajoren
Taissitj und Gjorgjevitj) wurde zur Ausarbeitung des Feldsanitätsdienstes für das Volksheer commandirt. Nach einem kurzen Kampfe über
den vom Oberstlieutenant Kalinitj gemachten Vorschlag, die österreichische
Organisation wie sie vor 1864 gewesen (!) zur Grundlage anzunehmen,
wurde die preussische Instruction als Basis angenommen, und ein
förmliches Gesetz ausgearbeitet, welches im Generalstabe in ein einfaches Ministerialrescript umgewandelt und als solches 1876 publizirt
wurde. Für die Fehler, welche noch vor dem Kriege an diesem
Elaborate sichtbar waren, sind die Sanitätsofficiere der Commission
nicht verantwortlich, denn sie mussten z. B. in die Ochsenbespannung
aller Wägen bei den Sanitätsdetachements einwilligen, weil der
Commissionspräsident behauptete, dass selbst die Canonen solche
Bespannung bekommen würden etc. Wie schlecht angebracht die
Sparsamkeitsrücksichten bei der Ausrüstung des Feldsanitätswesens
waren, zu denen Herr Kalinitj die Commission gezwungen, hat er
selbst nach der ersten Schlacht erfahren, als er selbst verwundet
lag, aber es war schon spät. . . .

Wir wollen nun die Organisation, mit welcher das serbische
Militärsanitätswesen in den ersten Krieg gezogen, darlegen. [*)]

Nach der Eintheilung des ganzen Volksheeres in 5 Armeedivisionen und 17 Brigaden (die stehenden, regulären Truppen wurden
für die Bildung von combinirten Bataillonen mit dem Volksheer verwendet, gingen also in demselben auf) war auch der Feldsanitätsdienst der ersten Linie folgendermassen vertheilt:

Jede Brigade bekam ein Sanitätsdetachement, welches nach der
Brigade benannt wurde und folgende Zusammensetzung hatte: Kom-
mandant der Brigadearzt. — Ein Zugführer von der Sanitätstruppe.
Auf je ein Bataillon der Brigade ein Sanitätskorporal. Auf je ein
Bataillon acht Sanitätssoldaten. Ein Trainzugführer. 8 Trainsoldaten.
Somit hatte ein solches Sanitätsdetachement einer Brigade von

---

*) Instruction für den Dienst des serb. Militairsanitätswesens der regulären
Armee und des Volksheeres. Belgrad, 1876, in 8° S. 225. —

5 Bataillonen: 56 Mann, 10 Pferde (davon 2 Reitpferde des Brigade-arztes), 8 Zugpferde, 2 Ochsen, 2 Wagen für schwer Verwundete, 1 Omnibus für leicht Verwundete, 1 Wagen für das Gepäck und Proviant. Was die Nahrung dieses Detachements anbelangt, so war dasselbe der Brigadebatterie zugetheilt. Die Aufgabe der Brigade-Sanitäts-Detachements war, unmittelbar hinter dem Rücken der kämpfenden Brigade einen Nothverbandplatz einzurichten, die Ver-wundeten auf dem Schlachtfelde aufzulesen, ihnen den Nothverband anzulegen und sie bis auf den Hauptverbandplatz zu transportiren.

Diese Hauptverbandplätze zu organisiren war die Aufgabe der Divisions-Sanitäts-Detachements, von denen jede Armeedivision eines bekam, und das General-Commando des ganzen Heeres eines zur Disposition hatte. Die Zusammensetzung eines solchen Divisions-Sanitäts-Detachements war folgende:

Kommandant: Sanitäts-Hauptmann I. Kl.,

2 Sanitätshauptleute II. Kl. oder 2 Civilärzte des Volksheeres,

2 Sanitäts-Lieutenants, beziehungsweise 2 Magister Chirurgiae aus dem Civilstande,

1 Commissär (Verwalter und Rechnungsführer) — Be-amter vom Civilstande,

1 Apotheker,

1 Apothekergehülfe,

2 Sanitäts-Zugführer,

5 Sanitäts-Korporäle,

2 Krankenwärter (aus der Sanitäts-Compagnie des stehenden Heeres)

1 Trompeter,

60 Blessirtenträger (aus dem Volksheere),

1 Zugführer vom Train,

4 Train-Korporäle,

20 Trainsoldaten.

Im Ganzen 104 Mann.

Das Detachement hatte ferner:

6 Wagen für Schwerverwundete,

2 Omnibusse für leicht Verwundete,

2 Wagen für Medicamente, chirurgische Instrumente und

Verband-Material (welches nach der Ausrüstung der preussischen Divisions-Sanitäts-Detachements vorgeschrieben war),

1 Wagen für das Gepäck,

1 Wagen für die Fourage.

Im Ganzen 14 Wagen mit 20 Ochsen, 8 Zugpferden bespannt, und 6 Reitpferden der Sanitäts-Officiere.

Auf den Divisions-Verbandplätzen waren alle grossen Operationen, welche keinen Aufschub erlauben, alle inamoviblen Verbände, alle Kugelextractionen etc. zu machen. Alle Verwundeten, welche von den 60 Blessirtenträger von den Brigadeverbandplätzen, eventuell auch vom Schlachtfelde, geholt werden mussten, sollten auf diesen Hauptverbandplätzen für den Transport bis zu den Feldhospitälern vorbereitet werden, von denen jede Armee-Division drei, und das General-Commando der Armee ebenfalls drei zur Disposition haben sollte.

Die Zusammensetzung eines solchen Feld-Lazarethes, von denen jedes auf 200 Betten berechnet war, ist folgende:

Kommandant — ein Sanitäts-Hauptmann oder ein Civilarzt aus dem Verbande des Volksheeres,

2 Sanitäts-Hauptleute oder Civilärzte,

3 Sanitäts-Lieutenants oder Magister,

1 Militär-Apotheker,

1 Apotheker-Gehülfe,

4 Lazareth-Gehülfen aus der Sanitäts-Compagnie des stehenden Heeres,

4 Sanitäts-Zugführer,

4 Sanitäts-Korporäle,

24 Krankenwärter aus dem Volksheere,

1 Verwalter und Rechnungsführer, Beamter des Civilstandes,

1 Koch,

2 Train-Zugführer,

2 Train-Korporäle,

12 Train-Soldaten,

Im Ganzen das Personal 60 Mann hoch.

4*

Das Feld-Hospital hatte:

3 Wagen für die Oeconomie-Utensilien, Medikamente und
 Instrumente mit 6 Ochsen bespannt,

2 Wagen für Schwerverwundete, mit 4 Ochsen bespannt,

1 Omnibus für 6 Personen, die Kassa und das Gepäck,
 mit 2 Pferden bespannt,

6 Reitpferde für die Aerzte,

2 Wagen für das Gepäck und die Lebensmittel mit vier
 Ochsen bespannt.

Im Ganzen 8 Wagen, 10 Pferde und 14 Ochsen.

Die Ausrüstung der Feld-Hospitäler an Bettsachen, Utensilien,
Medikamenten, Instrumenten etc. war nach dem preussischen Muster
vorgeschrieben.

Alle Sanitätstruppen (Brigade- u. Division-Sanitäts-Detachements)
und die drei Feld-Lazarethe jeder Division wurden unter die Leitung
eines Chefarztes (eines höheren Sanitäts-Offiziers) gestellt, der im
Divisionsstabe als Sanitäts-Referent des Divisions-Commandanten fungirte. Er hiess Sanitätschef der Armee-Division.

Das Generalcommando des Fürsten besass einen höheren
Sanitätsofficier als Sanitätsreferenten, der mit der Leitung der Sanitäts-
reserve, des Reservesanitätsdetachements, der drei Feldhospitäler, welche
zur Ablösung der etwa vorwärtsgehenden Divisions-Lazarethe bestimmt
waren, der Materialreserve, und mit der Oberaufsicht der Etappen-
Lazarethe längs der Landstrassen sowie auch mit der Leitung aller
Kranken- und Verwundeten-Transporte von den Feldhospitälern zu
den Reserve-Krankenhäusern im Lande betraut war.

Die Leitung der Letzteren sowie der Privatkrankenhäuser, des
Central-Sanitätsdepôts in Belgrad, die fortwährende Anschaffung von
Personal und Material, war dem Sanitätsreferenten des Kriegsministeriums
anvertraut, dem ein höherer Officier als „Staatscommissär für die
Privathilfe im Kriege" zur Seite gestellt wurde.

Alles das liest sich sehr schön — aber die Ausführung! Ein
kleiner Staat von damals 1,300,000 Einwohnern, mit einem Staatsbudget von kaum 15,000,000 Francs, getrieben von den politischen
Verhältnissen, von seinen legitimen nationalen Aspirationen, und von
den verzweifelten Hilferufen seiner Stammesbrüder in der Herzegovina,

stürzt sich in das tollkühne Unternehmen mit dem 500 jährigen Osmanenreiche auf die eigene Faust Krieg zu führen. Gegen eine der besten Infanterien der Welt, welche mit Henri-Martini-Gewehren bewaffnet war, gegen eine Artillerie, welche mit Kruppschen Hinterladern selbst mit 24 pfündern ausgerüstet war, gegen eine Armee von 300,000 Mann regulärer Truppen — die wilden Horden der Tscherkessen, Baschibozuks und anderer Vandalen gar nicht zu rechnen — welcher nicht bloss englische Offiziere, sondern auch die englischen Säckel zur Verfügung standen — gegen eine solche Armee, stellte Serbien in's Feld ein Volksheer von 150000 zur Noth uniformirter Bauern, welche einige Sonn- und Feiertage im Jahre einexerciert wurden, sonst aber vom Kriegshandwerk nichts wussten, ein Volksheer mit Vorderladern und mit Gewehren dreier Systeme bewaffnet, mit 150 Kanonen und Kanönchen aller möglichen Caliber, alle aber mit Ausnahme von 6 Stück — Vorderlader, ausgerüstet mit zwei, sage zwei Officieren auf die Brigade (von 4—5 Bataillonen) mit so leeren Staatskassen, dass nicht nur die ganze Armee während der ganzen Kriegsdauer von der Requisition im eigenen Lande, in denselben Bauernhäusern leben musste, welche zwei, ja drei Landwehrmänner „auf die Grenze" geschickt hatten — sondern dass auch alle Staatsbeamten, alle Officiere, auf eine colossale Reduction ihrer Gagen auf die ganze Kriegsdauer einwilligten, nur um einen Schatten von Mitteln zur Kriegsführung zu schaffen.[62])

Es ist nicht zu verwundern, wenn unter solchen Verhältnissen die preussisch-ideale Organisation des serbischen Feld-Sanitätsdienstes nicht ausgeführt werden konnte, wenn wir anstatt der 400 Aerzte kaum ein Hundert hatten, wenn von den 128 Wagen für Schwerverwundete bloss 6 angekauft wurden, alle übrigen durch die Bauern-leiterwägen ersetzt werden mussten, wenn von 71 Omnibussen für Leichtverwundete blos ein Ungethüm von Wagen gebaut wurde, und die Leichtverwundeten bis zu den entlegensten Reserve-Hospitälern zu

62) Und trotzdem hat dieses auf eigene Kosten kriegführende Volksheer, diese Bauernarmee der ganzen Macht des Osmanenreiches Stand gehalten, und während eines unglücklichen Feldzuges von vier Monaten nicht mehr als einen 20 Kilometer schmalen Streifen von der Südgrenze des Landes an den Feind verloren.

Fuss gehen mussten; wenn die Etappen-Lazarethe auf ein Minimum reducirt werden mussten.

Und trotzdem kann ich behaupten, dass während der Mobilisation und Concentration, ja auch während der ersten Schlachten, die wir allein mit den Türken geschlagen, alle Branchen des Kriegsdienstes, auch das Feldsanitätswesen ziemlich vorschriftsmässig geführt wurden, obwohl wir auf acht Stellen offensiv gleichzeitig vorgestossen, und doch die ganze trockene Landgrenze (von Schabatz bis Negotina) in der Defensive halten wollten, was natürlich eine ungeheure Zersplitterung der Truppentheile, für welche die Sanitätsdetachements und Feldhospitäler berechnet waren, nach sich gezogen hat.

Aber bald kamen uns die russischen Freiwilligen zur Hilfe, deren Zahl im Laufe des Feldzuges auf 3000 gestiegen, darunter einige hundert Officiere, Aerzte, Feldscherer, freiwillige Krankenpfleger und barmherzige Schwestern.

Unter diesen russischen Freiwilligen waren viele edle Herzen, hochgesinnte Männer, enthusiastische Frauen, tapfere und fähige Officiere, ausgezeichnete Aerzte und Professoren, heldenmüthige alte Soldaten, die Alle viel geopfert haben für die serbische Sache, aber es waren darunter noch mehr problematische Naturen, und Aventuriers, welche viel Unheil gestiftet haben, und was die Hauptsache war, die russischen Officiere, auch die besten, denen die Hauptcommandos gleich anvertraut wurden, hatten nur in der regulären Armee gedient, hatten keinen Begriff von der Organisation eines Landsturmes, wie wohl unser Volksheer genannt werden konnte, hatten keine Kenntniss der Landessprache, der Topographie des Kriegstheaters, der ganzen serbischen Verhältnisse. Dadurch kam das Chaos in alle Dienstzweige unseres Volksheeres, auch in den Feldsanitätsdienst. Nach jeder verlorenen Schlacht wurde eine andere Truppenformation gegeben. Die Eintheilung in Armeedivisionen wurde sogleich aufgegeben, um einer Eintheilung in drei Armeen Platz zu machen. Morgen wurde diese Formation mit derjenigen der Armeecorps vertauscht, welche aber auch keine lange Dauer hatte, denn bald hatten wir so viel selbständig stehende Commando's als es Positionen zu vertheidigen gab. Diesen fortwährenden Veränderungen in der Armeeformation gemäss mussten ja auch die Sanitätstruppen und Anstalten über Hals und Kopf bald concentrirt, bald aber auf solche Schatten von Anstalten zersplittert werden, so dass von einem vorschriftsmässigen Sanitätsdienst nicht die Rede sein konnte, und was das Schlimmste war, die Sanitätsdetachements und Feldlazarethe mussten, in einer fortwährenden Umformung begriffen, functioniren.

Es war wohl vorgesehen, dass die Divisions-Sanitäts-Detachements und die Feldhospitäler im Nothfalle je in zwei Theile getheilt werden konnten, aber nachdem wir anstatt der vorgeschriebenen 5 Aerzte pro Detachement oder Lazareth bloss einen oder zwei hatten, so war es oft unmöglich, die Theilung auszuführen. Und was soll ich erst von den Brigade-Sanitäts-Detachements sagen, welche immer nur einen einzigen Arzt hatten, während die betreffenden Brigaden auf 3—4, ja auf 5 Positionen vertheilt waren (man wollte eben Alles vertheidigen), welche eine Länge von manchmal 20—30 Kilometer auf Gebirgszügen eingenommen. Wie sollte da für jedes detachirte Bataillon ein Sanitätsdienst gesichert werden? Man wird mich fragen: Ja, wo waren denn die so zahlreichen fremden Aerzte, was that die Privathilfe? Nun, es kamen nicht bloss viele russische Aerzte, sondern auch reich ausgestattete Ambulanzen und ganze Krankenhäuser, d. h. das ganze Personal solcher, mit allen Mitteln, grosse selbständige Lazarethe einzurichten und auszuhalten, ausgestattet — und diese Privathülfe hat auch thatsächlich im Rücken der operirenden Armee, in den zahlreichen Reservehospitälern sehr viel Gutes geleistet, aber davon hatte der Feld-Sanitätsdienst sehr wenig Nutzen; auf den Verbandsplätzen, im Transporte der Verwundeten und in den Feldlazarethen mangelte es am allernothwendigsten. Mit Ausnahme einer einzigen russischen, einer englischen und einer rumänischen Ambulanz, welche uns in den grossen Schlachten im Moravathal thatsächlich geholfen haben — war die ganze übrige Privathülfe bei der Armee selbst, eine sehr — wilde zu nennen. Eine oder die andere Gruppe solcher fremden Aerzte, des langweiligen Spitaldienstes im Innern des Landes überdrüssig, verliess plötzlich das ihr anvertraute Reservehospital (ein Mal sogar ohne auf Ablösung gewartet zu haben) ging auf das Schlachtfeld, stellte sich dem betreffenden Armeechefarzt vor, mit dem Wunsche, nach so viel Wochen Spitalpraxis, auch etwas von den Diensten auf den Verbandplätzen zu lernen. Dieser, ausser sich vor Freude, so unerwartet Hilfe bekommen zu haben, vertheilte alsogleich die Collegen auf diejenigen Verbandplätze, wo man die grösste Noth hatte, und freute sich für die morgen bevorstehende grosse Schlacht, genügend Aerzte zur Disposition zu haben. Wenn er aber während der Schlacht von einem Sanitäts-Detachement zum andern galoppirte, um ihre Arbeit auf den Verbandplätzen zu inspiciren und die Verwundeten-Transporte zu dirigiren, fand er beinahe immer, dass die betreffenden fremden Aerzte verschwunden waren, mit der einzigen Erklärung an den kommandirenden Arzt, dass es ihnen dort „nicht gefallen habe" ... Die grösste Mehrzahl solcher fremden Aerzte war eben nichts anderes, als Schlachtenbummler und Zeitungscorrespondenten ... Der betreffende Armeechefarzt konnte solche Herren nicht einholen und militärisch behandeln lassen, weil — weil auch in der Leitung der Privathilfe des Chaos eingebrochen war. Der serbische Staatscommissär für die Privathilfe im Kriege, ein ausgezeichneter Sanitäts-Oberstlieutenant, aber von zu freundlichen und friedliebenden Charakter, wollte oder konnte sich nicht anmaassen, dem einflussreichen russischen General, welcher mit der Führung aller russischen Aerzte und Ambulanzen in Serbien betraut war, Befehle zu ertheilen, er konnte es nicht erzwingen, dass dieses freiwillige Personal und Material in den bestehenden Organismus des serbischen Militär-Sanitätswesens hineingefügt werde. Das war eine folgenschwere Nachgiebigkeit, denn auf die Autonomie der russischen Privathilfe gestützt, eroberten dieselbe für sich auch alle anderen fremden Aerzte, welche nach Serbien kamen, so zwar, dass die grossartige Privathilfe für Kranke und Verwundete, welche uns am meisten von Russland, aber auch von Oesterreich, besonders Böhmen, von Rumänien, England, von der Schweiz gespendet wurde, nicht zum zehnten Theil für die Linderung der Noth auf den Schlachtfeldern verwendet werden konnte, sondern leichtsinnig vergeudet wurde. Als ob dieses Unglücks nicht genug gewesen wäre, ging auch in Folge der fortwährenden Ummodelung der Armee, die einheitliche Leitung des serbischen Feld-Sanitätswesens zu Grunde. Der Sanitätsreferent im Kriegsministerium, der alte verdienstreiche Dr. Bellony hatte in Belgrad so viel zu thun, dass er an die einheitliche Leitung des Sanitätsdienstes bei der Armee unmöglich denken konnte. Der Sanitätsreferent im Hauptquartier des Fürsten, der diesen Posten nicht seinen Fähigkeiten, sondern der Rangliste zu verdanken hatte, zeigte sich bald unfähig das ganze Feld-Sanitätswesen der Armee zu leiten, und wurde in's Kriegsministerium zurückgeschickt. Der Chefarzt der Süd-Morava-Division wurde zum Armeechefarzt der unter den Befehlen General Tchernajeffs stehenden vereinigten Timok-Morava-Armee ernannt und musste anfangs mit dem Personale und Materiale einer einzigen Division für den Feld-Sanitätsdienst dreier activen Armeecorps sorgen. Es ist begreiflich, dass dieser Arzt, auch wenn er competent gewesen wäre, absolut keine Zeit hatte, auch für den Sanitätsdienst der Javor- und der Drinaarmee, deren Sanitätswesen sich selbst überlassen wurden, Sorge zu tragen.

Diese, unter zahlreichen fremden Einflüssen hervorgegangene Zersplitterung, fortwährende Umformung der Organisation, diese Zerfahrenheit in der Leitung, sind auch die Ursachen, warum wir noch heute, sechs Jahren nach dem ersten Feldzuge keinen auch nur approximativ genauen Bericht über die Thätigkeit des serbischen Militärsanitätswesens in diesem Kriege geben können, obwohl diese Thätigkeit verhältnissmässig eine riesige genannt werden kann, denn wir hatten 13 342 Verwundete (diejenigen, welche mit Umgehung aller Feldspitäler direct nach Hause gegangen und sich dort selbst behandelt haben, ausgenommen, deren Zahl aber eine ziemlich bedeutende sein dürfte) und über 20 000 Kranke, welche in 39 Feld-Etappen und Reservehospitälern behandelt wurden[*]) Das Rapportwesen war unter den oben geschilderten Verhältnissen ein so verworrenes, dass wir vorläufig bloss die Zahl der an Wunden und Krankheiten in den Hospitälern Verstorbenen angeben können. Es starben 428 Verwundete und 356 Kranke. Ich fürchte, dass auch dieses Mortalitätsprocent unter dem factischen stehen wird, wenn es möglich werden sollte aus den Acten eines solchen Feldzuges eine Statistik auszuarbeiten.[**]).

[*] Serbische Amtliche Zeitung, Jahrgang XLVI. No. 25 vom 2. Februar 1878 und die folgenden: Rapporte des Armeechefarztes Sanitätsoberstlieutenant Dr. Vladan Gjorgjevitj an S. H. den Oberstcommandirenden Fürsten.

[**] Der Versuch dazu wird nächstens gemacht werden im II. Theil der „Geschichte des serb. Militärsanitätswesens von Dr. Vl. Gjorgjevitj."

Für den Fall, dass für diese Schilderung der Thätigkeit unseres Feldsanitätsdienstes im ersten Kriege, worin die Hauptschuld für die Zerfahrenheit des Dienstes auf fremde Einflüsse gewälzt wird, in einem schlecht verstandenen Patriotismus gesucht werden sollte, welcher sehr stark an hässlichen Undank grenzen würde, bitte ich nur die geschilderten Verhältnisse mit dem Sanitätsdienste im zweiten serbisch-türkischen Kriege (1877—1878), in welchem wir in Militärsanitätlicher Hinsicht auf uns allein angewiesen waren, vergleichen zu wollen, und ich bin überzeugt, dass eine solche eventuelle Auffassung sofort als unbegründet erscheinen wird.

Wir wollen nun die letzte Periode der Geschichte des serbischen Militärsanitätswesens[*]) kurz darlegen.

Gleich nach Abschluss des ersten Krieges beeilte man sich, die Fehler in der Organisation des Militärsanitätswesens, welche im ersten Kriege zu Tage getreten, auszubessern. Von diesen Reformen werden wir erwähnen, dass besondere Blessirtenträger, auf jede Infanterie-Compagnie, jede Batterie und jede Esquadron je vier Mann, eingeführt wurden, während die Krankenwärtercompagnien, deren jede Brigade des Volksheeres je eine hatte, und welche im ersten Kriege sowohl die verschiedenen Sanitätsdetachements und Feldlazarethe als auch alle Reservehospitäler versehen mussten, jetzt bloss auf den Dienst in den Feld- und Reservehospitälern beschränkt wurden. Diese Blessirtenträger blieben immer im Verbande ihrer Truppe, unterschieden von den anderen Combattanten mit der weissen Armbinde und dem rothen Kreuze darauf, hatten neben dem betreffenden Waffendienst noch den der Blessirtenträger zu lernen, und hatten während der Schlacht die Verwundeten aus der Schlachtlinie auf die Verbandplätze zu tragen, zu welchem Zwecke sie mit Bahren und Verband-

---

[*]) Geschichte des serb. Militärsanitätswesens von Dr. Vladan Gjorgjewitj Dritter Band. Der Feldsanitätsdienst im zweiten serbisch-türkischen Kriege 1877—1878, ausgearbeitet unter Mitwirkung der Doctoren Laza Dokitj, Josef Holec und anderer Sanitätsofficiere und Aerzte der serb. Armee in diesem Kriege, mit einer Karte aller Militärsanitätsanstalten, zehn Plänen, fünf chromo-lithographischen Tafeln und 109 tabellarischen Uebersichten im Texte. Belgrad 1880, in gr 8°. VIII und 631 S.

tornistern ausgerüstet waren.**) Diese Reform hat sich im zweiten Kriege als eine sehr segensreiche erwiesn.

Schon im August 1877 beschliesst der serbische Ministerrath „für den Fall einer Mobilisation" 250 Aerzte, Assistenzärzte und Apotheker für die Armee, und zwar vorläufig auf einen dreimonatlichen Dienst zu engagiren, und der Kriegsminister entsendet den Sanitätsoberstlieutenant Dr. Gjorgjevtj nach Wien und Prag, um dieses Sanitätspersonal zu engagiren, mit dem Auftrage bis zum 15. September mit der Aufgabe fertig zu sein. Kaum hatte dieser Delegirte seine Arbeit angefangen und einige Aerzte und Apotheker angeworben, bekam er eine Depesche des Kriegsministers gleich zurückzukehren und das weitere Anwerben vom Sanitätspersonale gewissen Personen von Distinction zu überlassen, mit der Bedingung, die Angeworbenen nicht gleich nach Serbien zu senden, sondern eine telegraphische Ordre abzuwarten. Natürlich wollte Niemand unter einer solchen Bedingung sich anwerben lassen.

Neben den Schwankungen in den Entschlüssen der maassgebenden Kreise Serbiens, ob sie sich so schnell nach einem unglücklichen Feldzuge in einen neuen Krieg mit der Türkei stürzen sollten oder nicht, gab es noch einen wichtigen Grund, warum die Kriegsvorbereitungen des Militärsanitätswesens auch diesmal nicht mehr als das Viertel der nothwendigen Ausrüstung erreichten. Dieser Grund lag in der Schwäche der Kriegskasse. Sie konnte für den ganzen Sanitätsdienst von fünf Armeecorps nicht mehr als 270 000 Francs hergeben. Desto mehr wurde an der inneren Organisation und strammeren Formation aller Sanitätstruppen und Anstalten unermüdlich gearbeitet. Nachdem die grösste Concentration der Truppen gerade in denjenigen Grenzstrichen, welche im ersten Kriege von den Türken vandalisch verwüstet waren, vorauszusehen war, ordnete man die Ausführung eines Nothlocals für die Unterbringung von Kranken und Verwundeten in den Ruinen von Kujazevac, mit transportablem Dach, Fenstern und Thüren an. Zum Glücke kamen wir nicht in die Lage von diesen Nothlocalen für die Feldhospitäler Gebrauch zu

---

**) Die übrigen Reformen sind in einer Brochure des Kriegsministeriums „Aenderungen und Zusätze zur Instruction für den Feldsanitätsdienst des serb. Volksheeres und der regulären Armee. Belgrad, 1877, in 8° Seiten 78" enthalten.

machen. Trotzdem uns die Türken im ersten Kriege gezeigt haben, wie wenig sie das rothe Kreuz respectieren (unseren Gefangenen, welche das Genfer Zeichen trugen, wurde der linke Oberarm in der Gegend des rothen Kreuzes mit Säbeln und Handschars besonders klein gehackt) wurde ein allgemeiner Armeebefehl erlassen, über die Bestimmungen der Genferconvention, welcher Serbien noch vor dem ersten Kriege beigetreten war.

Gleich nach der Mobilisationsordre erliess auch der Oberfeldarzt der Armee seinen Plan für die Mobilisation und Concentration aller Sanitätsdetachements aller Feld-, Etappen- und Reservehospitäler im ganzen Lande[*]). Die Geheimnissthuerei des Generalstabes selbst dem eigenen Sanitätsreferenten vis à vis in Bezug auf die Mobilisation, und auch der schnelle Uebergang unserer Truppen über die Grenze nach der Kriegserklärung, waren die Ursachen, dass die Sanitäts-Anstalten, während der Concentration zweier Armeecorps in Kujazevac nicht an Ort und Stelle waren, sondern erst vor den ersten Schlachten zu ihren Truppen stiessen.

Am 1. December 1877 erschien die Proclamation des Fürsten, dass er, diesmal für die Unabhängigkeit Serbiens, nochmals in den Krieg gegen die Türkei ziehe, und fünf Tage später, war nicht blos die Concentration ausgeführt, sondern ein ganzes Armeecorps hatte schon die Grenze überschritten, und den St. Nicola-Pass auf der Landstrasse Nisch-Vidin sowohl, als auch die im ersten Kriege so viel umworbene Position Babina Glava, auf dem Wege nach Ak-Palanka, genommen und besetzt.

In diesem Momente hatte das serbische Volksheer, mit welchem 10 schwache (zu 450 Mann) reguläre Infanterie-Bataillone „combinirt" waren, folgende Formation und Truppenstand:

Das Timoker Armeecorps 36,000 Mann mit den Nichtcombattanten
- Moravaer - 28,000 - - - -
- Javorer - 21,000 - - - -
- Drinaer - 22,000 - - - -
- Schumadijaer - 21,000 - - - -

Im Ganzen 128,000 Mann.

Später wurden mobilisirt 10,000 -
somit zählte die Armee 138,000 Mann.

*) Vom 29. November 1877, No. 136.

mit den Nichtcombattanten, welche in sanitärer Hinsicht gerade so
wie die Combattanten versorgt sein müssen.

Auf diese 138,000 Mann hatte das serbische Feldsanitätswesen
anstatt der vorgeschriebenen 411 nicht mehr als 130 Personen in
seinem Sanitäts-Officiercorps, und zwar: 64 Aerzte, 41 Assistenzärzte,
und 25 Apotheker. Wenn man von dieser Summe abzieht das Sanitätspersonal des Kriegsministeriums, der Reservelazarethe, und derjenigen Armeecorps, welche in der Defensive geblieben, während des
ganzen Feldzuges keine einzige Schlacht geschlagen, dann sieht man
dass die factisch-active Armee, welche alle Schlachten geschlagen
und aus den Timok, Morava und Schumadija-Armeecorps bestand,
auf einen Truppenstand von 85.000 Mann, für den ganzen Sanitätsdienst auf den Schlachtfeldern und in der ganzen Zone des Kriegstheaters folgenden Sanitätspersonal-Procent hatte:

Einen Arzt auf 2500 Mann
Einen Assistenzarzt auf 3500 Mann.
Einen Apotheker auf 5000 Mann.

Wenn man bedenkt, dass die deutsche Armee während der
Kriegsdauer auf je 320 Combattanten einen Arzt hat — dann wird
man die Leistungen des serbischen Militär-Sanitätswesens in diesem
Feldzuge gerecht beurtheilen können.

Folgen wir also demselben auf das Schlachtfeld.

Wenn man von der Erstürmung St. Nikola's, welche dem Feinde
so unerwartet kam, und so geschickt geleitet wurde, dass sie uns
nicht mehr als 3 Todte und 13 Verwundete gekostet hat, die auf
dem Verbandplatze in Ravno Bucsje verbunden und auf Schlitten
nach Knjazevac geschickt wurden, absieht, so haben wir die erste
Schlacht am 12. December 1877 vor Ak-Palanka. Das Corps-Sani-
täts-Detachement der Timok-Armee, welche mit zwei Brigaden den
Angriff ausgeführt und die befestigte Stadt genommen hatte, errichtete
den Hauptverbandsplatz hinter den Emplacements der V. und VII.
Batterie in Csifluk. Auf dem Verbandsplatze war der Commandant
zugleich der einzige Arzt und Assistent bis ein Thierarzt aus eigener
Initiative hin kam um zu helfen, denn der Corpsarzt führte die
Blessirtenträgerpatrouillen persönlich in die Schützenkette, damit ja
kein Verwundeter länger auf dem Schnee bleibe als absolut unver-

meidlich war. Auf dem anderen Ufer der Nishhawa war noch ein
Verbandplatz für die Umgehungscolonne im Dorfe Klissura errichtet, welcher auch einen einzigen Arzt hatte.

Auf diesen zwei Verbandsplätzen wurden 106 Personen aufgenommen, und zwar 38 Verwundete, 66 mit erfrorenen Füssen, von
der eigenen Armee, und 2 verwundete türkische Soldaten. Die grosse
Zahl der Congelationen ist leicht zu erklären. Die eine Brigade,
welche den Flanken-Angriff auf Ak-Palanka zu machen hatte, musste
in der Nacht durch die eisige Nischava waten und mit nassen Sandalen
(ist das ein Militärschuh für die Wintercampagne!) stundenlang marschiren, stehen, kämpfen. Dass von den Türken nicht mehr in unsere
Häude kamen, ist dadurch zu erklären, dass der grösste Kampf um
den Brückenkopf und an der Brücke selbst geführt wurde, somit nicht
bloss Todte, sondern auch Verwundete in die Nischava fielen und
dass die übrigen türkischen Verwundeten von den fliehenden Kameraden
mitgeschleppt wurden, wie aus den zahlreichen blutigen Schneefurchen
auf der Chaussee und zu beiden Seiten derselben bis zur Stadt zu ersehen war.

Eine Stunde nach der Eroberung Ak-Palanka's waren alle
Verwundeten verbunden, auf die bereitgehaltenen, mit Stroh gefüllten
Schlitten aufgeladen gut zugedeckt und unter Eskorte bis zur nächsten
Sanitätsetappe auf Babina glava expedirt, von wo sie dann in das
Feldlazareth nach Knjjazevac transportirt wurden. Für die Congela-
tionen und Kranken wurde sogleich in der eroberten Stadt das
IV. Feldlazareth des Timoker Korps in 11 kleinen Häusern etablirt,
und mit 100 Betten versehen.

Zwei Tage später am 15. Dezember 1877 attaquirten dieselben
zwei Brigaden des Timokerkorps die Stadt Pirot, während der
Angriff auf die befestigten Positionen dieser Stadt, auf Nischor und
Budindel von einer Division des Schumadija-Korps schon am 11. angefangen hatte. Das Timoker Korps-Sanitätsdetachement organisirte
den Hauptverbandplatz wiederum hinter der VII. Batterie, bekam aber
bald den Befehl, um Tausend Schritt vorzurücken, brach ab, und
und wollte an der angegebenen Stelle in einem Gebirgseinschnitt die
Arbeit anfangen, wurde aber von der linken Seite beschossen und
rückte weiter vorwärts, um Schutz vor den feindlichen Projectilen zu

suchen. Hier wurde der Verbandplatz von der rechten Seite beschossen und als ein Lazarethgehülfe schwer verwundet zusammenstürzte, wurde der Verbandplatz doch auf die erst gewählte Position zurückversetzt, und verblieb hier hinter dem Centrum der Schlachtlinie während der ganzen Schlacht.

Der andere Brigade-Verbandplatz, war in Suvodol etablirt. Die wenigen Soldaten aus der Sanitäts-Compagnie des stehenden Heeres, welche diesen Sanitäts-Detachements zugetheilt waren, thaten beim Aufsuchen der Verwundeten in der Schützenkette solche Wunder von Bravour und Pflichttreue, dass dies Beispiel auf die Blessirtenträger aus dem Volksheere sehr wohlthuend gewirkt hat. An diesem Schlachttage wurden von den Timoktruppen 145 Verwundete auf die zwei Verbandplätze gebracht, und zwei Stunden nach dem Aufhören der Schlacht, um 6 Uhr Abends, waren sie alle verbunden, gelabt, auf hundert bereit gehaltenen Bauernschlitten aufgeladen, mit 1—2 Bauerndecken zugedeckt, und in das Feld-Lazareth nach Ak-Palanka expedirt.

Bevor wir diese Sanitäts-Detachements weiter begleiten, müssen wir sehen, wie der Dienst bei der Schumadija-Division, welche einen Frontal-Angriff gegen die sehr starken und steilen Befestigungen Pirots ausführte, beschaffen war. Noch während des Aufmarsches dieser Division echelonirte der Chefarzt des Schumadija-Corps vier seiner Feld-Lazarethe von Pandiralo an der Grenze bis nach Cerova, welche 15 Kilometer von dem Angriffs-Objecte lag. So wurden sehr kurze Etappen von 2—3 Stunden Entfernung für die Verwundeten-Transporte geschaffen.

Diese Feldlazarethe wurden in den türkischen Grenzblockhäusern und Han's ziemlich gut untergebracht.

Am 12. December sehr früh wurde der Angriff mit 2 Brigaden versucht. Die Verbandplätze waren folgendermassen vertheilt: Am linken Flügel, im Dorfe Oreovica der Brigadeverbandsplatz des Kragujevacer Brigade-Sanitätsdetachements. Im Centrum, vor den Batterien, in einer kleinen Terrainmulde, der Verbandplatz des Sanitäts-Detachements der Rundikerbrigade. Hier war auch der Hauptverbandplatz des Corps-Sanitätsdetachements.

Am 13. December griff noch eine Brigade, die Belgrader, in die

Schlacht ein, und ihr Verbandplatz wurde hinter ihr, in einem Wäldchen hinter der Centrumsbatterie aufgestellt.

Als dieser Flügel der Angriffstruppen am 14. December, also am dritten Schlachttage, die Nisehava passirte, das Dorf Staniesevo genommen und weiter vordrang, wurde auch der Verbandplatz der Belgrader Brigade-Sanitätsdetachements bis in das Dorf Staniesevo vorgeschoben.

Auf diese Verbandplätze nun wurden im Laufe der drei Schlacht-tage 435 Verwundete gebracht und 88 Todte vom Schlachtfelde ent-fernt. Die Arbeit auf den Verbandplätzen dauerte jeden Tag bis spät in die Nacht, am zweiten Schlachttage bis 1 Uhr Nachmitter-nacht. Die leichter Verwundeten wurden auf bereit gehaltenen, aus den umgebenden Dörfern requirirten Bauernschlitten, gleich nach dem ausgeführten Verbande in das Feldlazareth Cerova expedirt, während die Schwerverwundeten von jedem Schlachttage in dem nahegelegenen St. Georg Kloster untergebracht wurden, zum Uebernachten und Ab-speisen, und wurden erst am folgenden Morgen, gestärkt und frisch verbunden in die Feldlazarethe geschickt. Der einzige grosse Fehler des so musterhaft geleiteten Feldsanitätsdienstes des Schumadija-Corps, welcher während der ersten Schlachten begangen wurde, war die überstürzte Hast, mit welcher die so gut echelonirten Feldlazarethe dieses Corps die Evacuation der Verwundeten betrieben. Diese Hast ist zwar erklärlich durch die Furcht, für die Nachschübe vielleicht von noch grösseren Massen von Verwundeten keinen disponiblen Platz zu haben und auch durch die Unsicherheit im feindlichen Lande für den Fall einer Katastrophe unserer Truppen, aber das überstürzte Weiterschieben der Verwundeten hatte zur Folge, dass auf ein Mal in den Ruinen von Knjazevac, wo nur ein sehr dürftig ausgerüstetes Feldlazareth stand, Hunderte von Verwundeten angehäuft und mit grosser Mühe und Noth in die nächsten Reservehospitäler gebracht wurden. Aber das war nur im Beginn der Fall. Bald bekamen die commandirenden Aerzte der Feldlazarethe die Ueberzeugung, das unser Volksheer, wenn es gut geführt wird, auch glänzend siegen kann, und die Evacuation der Verwundeten trat in das vorschriftsmässige Geleise.

Als am 16. December 1877 die drei Brigaden des Schumadija und die zwei Brigaden des Timoker Corps siegreich in Pirot ein-

gezogen, fanden die Chefärzte dieser Truppen, im türkischen Militär-
hospital, welches für 200 Betten ausgerüstet war, 30 schwer verwundete und 6 schwer kranke türkische Soldaten, welche die fliehenden türkischen Truppen nicht mitnehmen konnten, und welche sogleich in
unsere Pflege übernommen wurden. Die Bettwäsche des türkischen
Militärkrankenhauses wurde so blutig und unrein vorgefunden, dass
allsogleich zur Waschung derselben geschritten werden musste, und
erst dann wurde damit und den übrigen Utensilien dieses Krankenhauses die Ausrüstung der einzelnen Detachements und Feldlazarethe
unserer Truppen complettirt. Die Aerzte der Timoktruppen über-
nahmen die Behandlung der türkischen Verwundeten und Kranken,
und für die Behandlung der Kranken aller Truppentheile in Pirot
wurde allsogleich das Feldlazareth Nr. 1 des Schumadija-Corps in
sechs Häusern etablirt und in drei Tagen waren 160 Betten aufgestellt.

Als die Timokerbrigaden in der Richtung nach Tru mar-
schieren sollten, wurde das Feldlazareth Nr. 4 des Timokerkorps
in Akpalanka von einem Feldlazareth des Schumadijakorps abgelöst
und stiess zu den Truppen.

Nachdem die Truppen des Schumadijakorps den Befehl erhalten
hatten, nach Sicherung Pirots auf Nisch zu marschiren, um den Cernirungsring, welcher von unserem Morava-Korps um diese grosse Festung
und Stadt angelegt wurde, zu schliessen, wurden alle Feldhospitäler
des Schumadija-Korps nach vollendeter Evacuation mobil gemacht,
und auf der Strasse Ak-Palanka Nisch echellonirt aufgestellt.

Bevor wir nun die Kämpfe um Nisch schildern, müssen wir
zurückgreifen auf die Thätigkeit des Moravakorps und seines Sanitätsdienstes. Diese Truppen hatten in den ersten zwei Dritteln des De-
cembers keine grossen Schlachten zu liefern, aber sie hatten während
dieser Zeit die Besatzung aller Nischer vorgeschobenen Forts, von den
Csamurlija-Höhen bis zu der Moravabrücke bei Csecsina in Schach zu
halten, und was viel schwieriger war, mit einer Kälte von — 11° R.
zu kämpfen. Das Kampieren auf den ganz kahlen Höhen, wo nicht
ein Baum mehr zu fällen war, geschweige den Baumaterialien für die
Aufführung von Hütten für die Truppen, und wo das Feuer mit
Weinrebenstöcken und einzelnen Obstbäumen, welche in den Wein-

gärten gefällt wurden. unterhalten werden musste. also mehr zum Kochen
des Essens als zum Erwärmen der Leute benützt werden konnte. dies
wochenlange Kampieren verlangte mehr Muth. Ausdauer und Opfer
als das Stürmen der stärksten feindlichen Befestigungen. Es erklärte
auch eine Brigade (die Smederevoer. welche wegen einer Demon-
stration aus den warmen Cantonements in Alexinatz auf die Csamurlija-
position geschickt wurde. und bloss eine Nacht in Toponitza zuge-
bracht) lieber die stärkste Nischer Befestigung. den Berg Vinik mit
seinen 4 Forts. stürmen zu wollen. als noch eine einzige Nacht in
solcher Kälte auszuhalten. Aber es galt auszuhalten, bis Ak-Palanka
und Pirot genommen und der Cernirungsring um Nisch geschlossen
werden konnte.

Für die vielen Kranken. welche in Folge dessen in das Feld-
Lazareth Nr. 4 des Moravakorps in Alexinatz ankamen. war der
Transport in einer solchen Winterszeit zu lang. obwohl die Distanz
nicht mehr als 25 Kilometer beträgt. Desswegen wurde ohngefähr
auf der Mitte des Weges. in dem gewesenen türkischen Grenzblock-
hause. eine Etappe errichtet.

Ein Theil des Moravakorps wurde gleich im Anfang der Operation
auf das linke Moravaufer geworfen. nahm nach kurzen Gefechten
die Stadt Prokuplje und das Dorf Kurschumlija ein und wartete auf
das Resultat der Entscheidungsschlacht bei Nisch. um weiter in das
lang ersehnte Amselfeld zu dringen. um Revanche für den 15. Juni
1389 zu nehmen. Aber Moses sah das gelobte Land. es wurde ihm
aber nicht beschieden dasselbe zu betreten.

Während dieser 8 grösseren und kleineren Gefechte bis zur Eroberung von Nisch hatten die Moravatruppen 125 Verwundete und
36 Todte. Die Verwundeten wurden auf den Brigadeverbandplätzen
in Rujnik. Popovatz. Hum. Mačkovatz. Pločnik. Batzki Han und
Barlovo und auf dem Hauptverbandplatz des Korps-Sanitäts-Detache-
ments auf Mramor verbunden. und in die Feldhospitäler des Moravakorps
expediert, von denen Nr. 1 in Prokuplje. Nr. 2 in Supovac. Nr. 3
in Bruss. Nr. 4 in Alexinatz etablirt waren.

Am 24. December 1877 wurde der serbische Cernirungsring um
Nisch von den Truppen des Schumadija-Korps geschlossen und eine
Schlacht begonnen. welche fünf Tage dauerte. Durch die Erstürmung

der südlichen Forts von Nisch, welche auf Goritza errichtet waren, wurde die tapfere türkische Garnison von der grossen Stadt und Festung gezwungen, zu capituliren.

Während dieser fünftägigen Gefechte und Schlachten waren die Verbandplätze der Schumadija-Truppen folgendermaassen disponirt:

Für den äusseren rechten Flügel war vom Rudniker Brigade-Sanitäts-Detachement der Verbandsplatz in Suvodol aufgeschlagen.

Links von diesem, zuerst in Vucsji dol, später auf Markovo Kale vorgeschoben, war der Verbandplatz der Kragujevacer Brigade.

Auf der Position Markovo Kale, hinter den Batterien, war ein Verbandsplatz für die Artillerie, welche hier concentrirt war, aufgestellt.

Am linken Flügel war der Verbandsplatz der Smederevoer-Brigade im Dorfe Perutina thätig.

Der Hauptverbandplatz des Korps-Sanitäts-Detachement war im Thale hinter der Schlachtlinie, in einem kleinen Kloster, in Gabrovatz untergebracht, und wirkte unter dem Kommando des Korps-Chefarztes.

Von allen diesen Verbandplätzen wurden Blessirtenträger-patrouillen in die Feuerlinie ausgeschickt, um die schwer Verwundeten zu holen und die Todten wegzuschaffen. Die leicht Verwundeten gingen zu Fuss auf die Verbandplätze und auch weiter in's nächste Feldlazareth, in Nischka Banja. Die schwer Verwundeten wurden auf Schlitten expedirt, die hoffnungslos Verletzten wurden in Gabrovac zurückgehalten.

Auf diesen Verbandplätzen wurde während der Schlacht um Nisch, 609 Verwundeten die erste Hülfe geleistet. Die Donau-Division des Timokkorps, während dieser Schlacht vis à vis der nördlichen Forts, hatte am 26. December ein grösseres Gefecht, welches 100 Verwundete lieferte. Dieselben wurden auf den Verbandplatz in Gornji Matejevci gebracht und nach der Labung und den angelegten Verbänden nach Alexinatz evacuirt.

Am 30. December zogen die serbischen Truppen in Nisch ein. Am 1. Januar 1878 waren schon die Feldlazarethe Nr. 2 und 6 des Schumadiakorps in Nisch thätig. Die übrigen wurden gleich in der Richtung nach Leskovac weitergeschickt.

5*

Im grossen Gebäude der türkischen Kavallerie-Kaserne zu Nisch fanden wir das türkische Garnisonspital mit 384 Verwundeten (darunter 7 Offiziere), 40 Kranke, 166 Krankenwärter und 7 unbegrabene getödtete türkische Soldaten — neben der Küche. Vom ärztlichen Personal fanden wir Michel Bey, den „Medecin principal de l'hôpital militair ottoman" und noch 4 fremde Aerzte, deren Namen besser zu verschweigen sind, denn wir fanden in den Krankensälen, zwischen den Bettreihen, gerade solchen Strassenkoth, wie auf den ungepflasterten Strassen Nisch's und die Bettwäsche war so von Eiter und Blut beschmutzt, dass die Verwundeten alle ihre Bettdecken umgewendet hatten, um die reinere obere Seite auf sich zu haben. Die Pestilenz im Krankenhause war eine unbeschreibliche. Die Aerzte kümmerten sich um ihre Verwundeten und Kranken gar nicht, die Krankenwärter plünderten die Magazine des Krankenhauses. In der grossen Apotheke waren alle Signaturen falsch. Unter der Signatur:

Extr. Gentianae fand sich Extr. Opii,
Chininum sulf. „ „ Calomel und Sublimat,
Santonin „ „ Strychnin,
Ol. Menthae „ „ Ol. Crotonis,
Pulv. Salviae „ „ Pulv. fol. Digitalis,
u. s. w.

Hoffen wir, dass für eine solche Verwechslung der Signaturen nichts weiter als der türkische Schlendrian Schuld war, denn an eine andere Möglichkeit wollen wir gar nicht denken . . .

Der serbische Armeechefarzt commandirte sogleich besondere Aerzte und Apotheker für die Pflege der türkischen Verwundeten und Kranken, gab dem Krankenhause eine serbische Militärwache und ordnete die Säuberung des Hospitals an, sowie die Sichtung aller Materialien, welche pêle-mêle vorgefunden wurden etc.

Auf den ausgesprochene Wunsch der türkischen Militärärzte, der Verwundeten und Kranken, bis zu den türkischen Vorposten geleitet und dort den türkischen Kommandanten übergeben zu werden, wurden sie in zwei Transporten, auf 154 Wagen, unter Escorte, in der Richtung nach Leskovac evacuirt, bloss 36 türkische Verwundete, darunter ein Hauptmann mit Schussfractur des Oberschenkels, wurden bei uns bis zur Heilung behalten, weil ihr damaliger Zustand gar keinen Transport zuliess.

In Nisch hatten wir reiche Kriegsbeute. Ich meine nicht die 267 Kanonen, die Kruppschen 24 pfünder, die Tausende von Henry-Martini und Repetirgewehren etc., sondern ein sehr reiches Sanitäts-material.

Von der reichen Ausstattung des türkischen Garnisonsspitals konnten wir nach 10tägigem Waschen en masse, nicht bloss ein neues Feldlazareth für das Timok-Corps formiren, nicht bloss ein grosses Hospital in Leskovac errichten, sondern es wurde sofort zur Etablirung eines Militärkrankenhauses von tausend Betten geschritten, weil in den Baracken um die Artilleriekaserne noch 32 grosse Krankensäle zur Disposition standen, mit allen nothwendigen Utensilien. Glücklicherweise hatten wir es bis zu Ende des Feld-zuges nicht nöthig, mehr als 500 Betten in diesem Krankenhause aufzustellen.

Natürlich wurden nach der Errichtung der ersten Abtheilungen dieses grössten serbischen Militärshospitals, die Feldlazarethe Nr. 2 und 6 des Schumadijacorps abgelöst und dem Corps nachgeschickt.

Die einzigen sechs Verwundeten - Wagen, welche wir hatten, wurden jetzt auf den Evacuationslinien Leskovac - Nisch, später Vranja-Leskovatz-Nisch und Kurschumlija-Prokuplje-Nisch verwendet, um die Feldlazarethe so schnell als möglich wieder flott zu machen.

Ein Theil des arg zersplitterten Timokarmeecorps wurde in die undurchgängigen Gebirge und Felsenmassen der Pusta Reka und des Golak geschickt, mit der Aufgabe, die Strasse Prischtina-Mitrovitz zu erreichen und dem Hafispascha, der zum Entsatz Nisch's gezogen, und von unserem Moravacorps aufgehalten wurde, in den Rücken zu fallen. Auf diesem, mit unmenschlichen Strapatzen verbundenen Marsche, hatten die Timoktruppen einige kleine Gefechte mit den türkischen Einwohnern dieser Gebirgskämme und Schluchten. Die Verwundeten aus diesen Gefechten, 87 an der Zahl, wurden auf den Verbandplätzen in Gornje Brijanje, Grdovac etc. verbunden und in das Feldlazareth in Bojnik geschickt. Dieser Transport war eine der schwersten Aufgaben unseres Feldsanitätsdienstes in diesem Kriege. Trotz der kleinen Distanz, dauerte dieser Transport fünf Tage. Das

Terrain war so steil, gletscherartig, dass man nicht bloss die Verwundeten tragen, sondern auch die Wagen und Schlitten sehr oft in ihre Bestandtheile zerlegen und auf Händen auf einer Höhe bringen musste, um wieder einige Schritte weiter fahren zu können, und dann die Prozedur von vorne anzufangen.

Als dann diese Truppen nicht mehr weiter konnten und stehen blieben, wurden drei Sanitätsetappen für dieselben errichtet auf Trpeza, in Svinjischte und in Slischani.

Das Morava-Armeecorps hatte unterdessen an den Samokovohöhen zwischen Kurschumlija und Prepolac 14 Gefechte und Schlachten mit den türkischen Truppen, welche Nisch zu Hilfe geeilt waren, durchgemacht. Auf die Verbandplätze, welche in Maeskovac, Ploesnik, Batzkihan, Kurschumlija, Arbanaska und auf dem linken Ufer der Kossanica thätig waren, wurden 879 Verwundete und 120 Todte gebracht. Die Verwundeten wurden von hier in das Feldlazareth in Prokuplje und von dort in drei Richtungen evacuirt nach Nisch, Alexinatz und Kruschevatz.

Kehren wir zum Schumadija-Armeecorps zurück, welches in südlicher Richtung vordrang, und den ersteren weiteren Zusammenstoss mit den türkischen Truppen beim Eingange in das Vranja-Defilé, also in Grdelica, am 8. und 9. Jänner hatte. Während dieses Kampfes wurden zwei Brigadesanitätsdetachements (das Belgrader und das Smederevoer) verwendet, um Verbandplätze zu erst in Grabovica und dann in Kopaschnica zu etabliren. Auf diesen Verbandplätzen wurden in den zwei Tagen 220 Verwundete verbunden und in die vereinigten Feldlazarethe Nr. 3 und 5 des Schumadijacorps nach Leskovac geschickt.

Nach der Einnahme des Defilés, welches etwa 40 Kilometer lang ist, wurden das Feldlazareth Nr. 4 in Grdelica, das Feldlazareth Nr. 2 in Dschep, und eine Sanitätsetappe für das Uebernachten der Verwundetentransporte im Dorfe Stubale eingerichtet. Auf diese Art war auf alle vier Stunden Fussreise je eine Sanitätsetappe errichtet.

Am 18. Jänner wurde die Schlacht vor Vranja geschlagen, welche nicht nur mit der Eroberung dieser Stadt, sondern mit der Gefangennehmung von vier türkischen Bataillonen endete. Während der Schlacht waren drei Brigadeverbandplätze und der Hauptverbandplatz des Armeecorps in Thätigkeit, und es wurde auf denselben 232 Verwundeten die erste Hilfe erwiesen, welche allsogleich längst der Sanitätsetappen im Defilé nach Leskovac evacuirt wurden.

Nach der Einnahme von Vranja wurde das Feldhospital Nr. 1 aus Grdelica nach Vranja versetzt. Nachdem aber die Schumadija-Truppen schnell bis Gracsanica auf dem Amselfelde vorgedrungen waren, musste schon am 2. Februar das Feldlazareth Nr. 2 in Giljan aufgestellt werden.

Da, am Saume des so lang ersehnten Amselfeldes, wurde die serbische Armee vom Waffenstillstand zwischen unserem russischen Verbündeten und der Türkei, festgehalten, bis zum Abschluss des bekannten St. Stefanofriedens.

Wenn wir noch ein Gefecht der Javortruppen an der Sokolovica, wo wir einen Verlust von 47 Todten, 41 Verwundeten und 26 Vermissten hatten, erwähnen, welche Verwundete nach Raschka in das Feldspital geschickt wurden, so haben wir alle Gefechte und Schlachten erwähnt, in denen unser Feldsanitätswesen zu thun hatte. Schauen wir uns das Material dieser Thätigkeit ein wenig näher an.

Die Verluste des serbischen Volksheeres in diesem zweimonatlichen Feldzuge auf den Schlachtfeldern waren:

Gefallen . . 539
Vermisst**) . 147
Verwundet . 2781
Summa 3467

Auf jeden Todten kommen 4,16 Verwundete. Wenn wir bedenken, dass dieser Gesammtverlust auf den Schlachtfeldern bloss die drei operirenden Armee-Corps betrifft, welche einen Truppenstand von 48.908 Combattanten hatte, so ergiebt sich, dass der Gesammtverlust 6,81 % des Truppenstandes betragen. Was die Art der Verwundungen anbelangt, so betragen die Verwundungen des Kopfes und Rumpfes

**) Diese können wir ruhig zu den Gefallenen rechnen, denn als wir zum zweiten Male Kurschumlija genommen, fanden wir unsere Vermissten, darunter auch einen Offizier — gepfählt. Wir könnten also ruhig sagen, die Zahl der Gefallenen ist nicht 539 sondern 667.

29.61 %, der oberen Extremitäten 43.34 °/₀ und der unteren Extremitäten 27.05 %. Oder, etwas näher besehen, betrugen die Verwundungen:

des Kopfes	9.96	pCt.
der Brust	7.66	„
der Schulter . . .	6.95	„
des Bauches . . .	3.58	„
des Rückens . . .	5.81	„
des Oberarmes . .	7.87	„
des Vorderarmes . .	7.71	„
der Hand und Finger	15.51	„
des Oberschenkels .	10.10	„
des Unterschenkels .	9.60	„
des Fusses u. d. Zehen	7.22	„
der Arme	12.76	„
der Beine	13.22	„

Ausser den Händen ist bloss der Kopf noch stark den feindlichen Projectilen ausgesetzt. Der Schütze muss öfter über den Rand der Wehre oder der Schanze hinausschauen, um die blauen Pulverwölkchen, welche aus der feindlichen Schützenkette aufsteigen, zu sehen und darnach zielen zu können. Wir haben gesehen, dass bei unserem Volksheere gleich nach den Verletzungen der Hände diejenigen des Kopfes mit 9.96 °/₀ kommen, welche somit ein grösseres Procent zeigen, als die Verletzungen der Brust, des Rückens, der Schulter, des Bauches.

Nach Chargen sind gefallen: 4.37 °/₀ Offiziere, 10.01 % Unteroffiziere und 85.62 °/₀ Gemeine. Verwundet wurden Offiziere 5.27 %, Unteroffiziere 7.15 °/₀, Soldaten 89.19 °/₀.

Nach Waffengattungen finden wir:

[**] Ohne die Verwundeten des Schumadijakorps, in dessen Rapporten die Verwundungen des Ober- und Vorderarmes und der Hand zusammen als 29.35 °/₀ betragend angegeben sind.

[*] Für diese wissenschaftlichen Diagnosen „verwundet in den Arm“ oder „in die Beine“ haben wir besonders den Verbandsplätzen zu danken, welche in Schlachten mit relativ grossen Gefahren thätig waren.

	Gefallen.	Verwundet.
Infanteristen . . .	516	2713
Artilleristen . . .	12	47
Pioniere	1	2
Trainsoldaten . . .	6	2
Cavalleristen . . .	4	8
Sanitäts-Soldaten .	—	9

Somit sind Sanitäts-Soldaten auf den Verbandplätzen öfter Verwundet worden als Cavalleristen, Pioniere und Trainsoldaten.

Wenn wir nun zu den Erkrankungen des serb. Volksheeres während des zweiten Feldzuges und des monatelangen nachfolgenden Lager und Garnisonsdienstes bis zum Friedensschlusse (die Demobilisation wurde erst im November 1878 angeordnet) übergehen, finden wir, dass 50,798 Kranke behandelt wurden, davon 35,189 oder 69 % ambulando im Revier, und 15,609 in den Feldlazarethen.

Die Masse von 53,579 Kranken und Verwundeten wurde von 58 Aerzten, 54 Assistenzärzten und 34 Apothekern behandelt. Es kam somit auf 1000 Kranke und Verwundete je ein Arzt und ein Assistenzarzt. Das ärztliche Personal war der Nationalität nach: 103 Serben und 49 Fremde (darunter 21 Böhmen, 9 Serben aus Oesterreich-Ungarn, 3 Polen, 5 Deutsche, 3 Slovenen, 2 Russen und je ein Bulgare, Magyar und Schweizer). Von diesem Personale erkrankten im Dienste 36 (also 23,6 %) und starben 4 (also 2,6 %). Die Zahl der Sanitätssoldaten in den 21 Sanitätsdetachements, der Krankenwärter und Lazarethgehülfen in den 18 Feldhospitälern war ohngefähr 1750 (der Stand wechselte sehr oft, desswegen kann die Zahl nicht genau angegeben werden). Von den Krankenwärtern erkrankten im Dienste 477 und starben 42.

Die oben genannte Zahl von 53579 Kranken und Verwundeten wurde in folgenden Anstalten behandelt:

in 6 ständigen Ambulatorien,
„ 18 Feldlazarethen,
„ 3 Garnisonshospitälern und
„ 23 Reservehospitälern,

welche zusammen 5590 Betten aufgestellt hatten.[11]) Die Organisation und Leitung dieser Anstalten, die Behandlungsmethoden, die ganze Thätigkeit derselben wird am besten durch Ziffern beleuchtet.

In den Feldlazarethen, im grossen Militärkrankenhause in Nisch und im Militärkrankenhause in Valjevo, wurden nach Abzug der weiter evacuirten, im Ganzen 21,600 schwer Kranke und Verwundete behandelt, und es starben in demselben 1345 Mann.

In allen übrigen Sanitätsanstalten, in welche der Rest der Kranken und Verwundeten evacuirt wurden, starben im Ganzen 332 Mann.

Während des ganzen Feldzuges und bis zur Demobilisation der Kriegs-Sanitätsanstalten starben im ganzen 228 Verwundete und 1488 Kranke. Wenn man zu diesen Ziffern diejenige der am Schlachtfelde gefallenen hinzusetzt, so hat uns dieser Feldzug 2383 Menschenleben gekostet.

Von den Verwundeten starb 8·19 pCt. von den Kranken 2·62 pCt., oder wenn wir das pCt. bloss für die Schwerkranken ausrechnen 6·70 pCt. Wenn man diese Resultate mit denjenigen des französischen und des englischen Militär-Sanitätswesens im Krimfeldzuge, wo 27 pCt. nicht der Krankenzahl, sondern des Truppenstandes gestorben, vergleicht, dann hoffen wir, dass die Fachmänner finden werden, es habe das Militärsanitätswesen des serbischen Volksheeres, nach dem Personalstande und nach den Mitteln, welche ihm zur Disposition gestanden, im Feldzuge 1877—78, seiner Pflicht und Schuldigkeit Genüge geleistet.

Wenn wir die Entwicklung des Civil-Sanitätswesens in Serbien verfolgen wollen, so müssen wir auf das Jahr 1839 zurückgreifen, in welchem die Kreisarztstellen errichtet wurden und auch

---

[11]) Ein Fünftel aller schwerkranken (4146 von 21,000), ist an Typhus abdominalis, Dysenterie, Pneumonie und Blattern gelegen, und an diesen vier Krankheiten sind zwei Drittel aller Todesfälle (915 von 1488 Verstorbenen) zu rechnen. Dem Typhus exanthematicus wurde mit so energischen Massregeln im ersten Auftreten in Vranja begegnet, dass er auf 12 Fälle beschränkt wurde, während diese Krankheit die russischen Truppen, welche unter denselben klimatischen und hygienischen Verhältnissen aber mit unvergleichlich besserer Kleidung, Nahrung etc. kämpfte — so zu sagen dezimirte.

theilweise besetzt. Die Kreisbehörden hatten auch für Humanitätsanstalten
und die öffentliche Gesundheitspflege zu sorgen. Den Gemeinden
wurde die Pflicht auferlegt, Aerzte und Hebammen anzustellen, auch
Gebäude für Sanitätsanstalten zu errichten. Den Blattern wurde die
grösste Aufmerksamkeit gewidmet und ein besonderes Impfgesetz eingeführt[12]). In der Sanitätsabtheilung des Ministeriums des Innern wurde
eine ausführliche Instruction für die Amtsthätigkeit der Kreisärzte ausgearbeitet[13]), ebenso Maassregeln gegen die Hundswuth und gegen den

---

[12]) Gesetz vom 8. Juli 1839. (Gesetzsammlung d. F. Serbien, Bd. 1,
S. 69). Nach einer Einleitung über die Wichtigkeit des Impfens kommen folgende Bestimmungen: Die Sanitätsabtheilung d. Min. d. I. hat das ganze Impfgeschäft im Lande zu leiten, guten Impfstoff anzuschaffen, und den Aerzten zu-
zustellen, welche zu Impfärzten designirt werden, während sonst Niemand impfen
darf, eben so wie das bisher landesübliche Impfen der Menschenblattern unter
Strafe verboten wird. Für jede mit Erfolg ausgeführte Impfung hat der Impfling
in Städten dem Arzte einen „Zwanziger" (80 Centimes), in Dörfern die Hälfte
zu zahlen. Für die Unbemittelten hat die Staatskasse das Honorar an die Aerzte
zu entrichten. Die Aeltern der Impflinge müssen das Weiterimpfen von ihren
Kindern erlauben. Das Impfen hat im Beisein des Kreishauptmannes oder seines
Adlatus und des Ortsgeistlichen stattzufinden, welcher das Impfprotokoll zu
führen hat. Nach 8 Tagen hat der Arzt die Revision aller Geimpften vorzunehmen und die Impfscheine auszustellen. Das Impfgeschäft muss im ganzen
Lande jedes Jahres von April bis Ende September beendet sein. Im October sind
alle Impfprotokolle einzusenden. Die Ortsgeistlichen haben die Namensverzeich-
nisse aller noch nicht Geimpften durch den Kreishauptmann an den Arzt zu
leiten, und allen Eltern zum Impfen ihrer Kinder zu rathen. Sobald in einem
Orte Variola ausbricht, ist eine ausserordentliche Impfung vorzunehmen. Hierauf
folgt eine ausführliche Instruction für die Impfärzte.

[13]) Gesetz vom 21. August 1839. (Gesetzsammlung Bd. 1 S. 103.) Hier
die Hauptbestimmungen desselben: Die Kreisärzte müssen Doctoren der Medicin
sein, so lange aber der Mangel an Aerzten andauert, können auch Magistri Chirurgiae
angestellt werden. Sie sind Beamte der Kreispräfectur, wohnen im Orte derselben,
dürfen denselben ohne Erlaubniss nicht verlassen. Ihre Hauptaufgabe ist Wahrung
der öffentlichen Gesundheit. Demgemäss haben die Kreisärzte das Volksleben
zu studiren und die Schädlichkeiten wegzuräumen, das Volk über Gesundheitspflege zu belehren, besonders in plötzlichen Unglücksfällen. Sie müssen sorgen,
dass die Todten nicht vor Ablauf der ersten 24 Stunden begraben werden.
In Orten, wo keine öffentliche Apotheke besteht, hat der Kreisarzt seine Privat-
apotheke zu halten und aus derselben nach der österr. Medicamententaxe mit einem
Zuschlag von 20% Medicamente zu verabfolgen. Der Kreisarzt führt die Aufsicht über
das ganze übrige Sanitätspersonal des Kreises, über die Thermen und Bäder. Sobald
eine Epidemie ausbricht, hat der Kreisarzt sich an Ort und Stelle zu begeben und
bis zur Tilgung der Krankheit dort zu verbleiben. Ebenso bei Epizootien. Er

Milzbrand durch besondere Ministerialerlässe angeordnet. Neben dieser Sorge für die Regelung der sanitären Verhältnisse im Innern des Landes, trachtete die Leitung des Sanitätswesens, Schutzmaassregeln gegen die Einschleppung verheerender Krankheiten, besonders der Pest, welche gerade damals in der Türkei herrschte, vorzunehmen. Es wurden auf den Haupteinbruchsstationen der ganzen Landesgrenze Quarantänen errichtet, deren Direction Aerzten anvertraut war. Auf den kleineren Einbruchsstationen wurden Rastellämter eingeführt, und längst der ganzen Grenze gegen die Türkei ein Cordon von Wachen aufgestellt, für welche die nothwendigen Wachthäuser gebaut wurden. Die Organisation dieser Quarantainen und Rastellämter war eine musterhafte zu nennen, und durch ein bis in die kleinsten Details gehendes Statut geregelt.

Im Jahre 1840 haben wir eine Theilung der Arbeit in der Sanitätsabtheilung des Ministeriums zu verzeichnen. Der Sectionschef Dr. Palzek nahm die Inspection des Quarantainewesens auf sich, während Dr. Steitj Referent für alle übrigen Agenda der Abtheilung wurde. Die Aufmerksamkeit der Abtheilung wurde durch amtliche Berichte auf eine endemische Krankheit im Kreise von Gurgussovatz geleitet, welche den Volksnamen „Frenga" führte (d. h. die fränkische Krankheit).

Es wurde eine Commission aus drei der besten Aerzte eingesetzt, mit der Aufgabe, die Krankheit an Ort und Stelle zu studiren, aber — die damalige politische Gährung im Lande verhinderte dieses Studium, sowie jedes andere erfolgreiche Wirken von Staatswegen. Desswegen misslang auch der erste Versuch für die Geisteskranken des

---

ist der Impfarzt und der Gerichtsarzt des Kreises. So lange im Kreisorte keine anderen Aerzte ansässig sind, muss der Kreisarzt alle Kranken behandeln und hat von Bemittelten ein Honorar von 80 Centimes für die Visite das Recht zu verlangen. Er hat an die Präfectur 15 tägige, (im Falle von Epidemien) an das Ministerium dreimonatliche Rapporte über die vorgekommenen Krankheitsfälle, über meteorologische Aufzeichnungen, über „Naturspiele und Seltenheiten" zu erstatten, und einen ebensolchen Jahresrapport. Bis die Aerzte der Landessprache auch in der Schrift mächtig werden, ist es ihnen erlaubt, auf zwei Jahre hinaus, diese Rapporte lateinisch oder deutsch zu schreiben. Wenn im Orte kein Militärarzt vorhanden, hat ihn der Kreisarzt zu vertreten. „Nachdem die Kreisärzte somit genug zu thun haben werden, so dürfen sie sich nicht in die Politik mischen." (§ 23.)

Landes Sorge zu tragen, welcher merkwürdiger Weise vom Unterrichts-Cultusministerium ausgegangen. Es sollten im grossen Kloster Studenitza einige Zellen für die Irren hergestellt werden, der Klosterabt sollte für die Ernährung und Bedienung, der Csacsaker Kreisarzt aber für die Behandlung der Geisteskranken sorgen und Berichte erstatten. Der Versuch scheiterte an der Opposition des Erzbischofs von Serbien. Da die Stadtgemeinde Belgrad sich schon einen eigenen Arzt angeschafft hatte, so versuchte wiederum das Unterrichtsministerium, ihr auch die ärztliche Behandlung der Sträflinge aufzubürden, womit aber die Gemeinde gar nicht einverstanden war. Dafür wurde aber, als die Stadt Belgrad aus öconomischen Rücksichten, ersuchte, ihr städtisches Krankenhaus, welches in diesem Jahre errichtet werden sollte, im unteren leer stehenden Stockwerk des Garnisonspitals unterbringen zu dürfen, ihr der Bescheid, das Militär müsse alle seine Gebäude für sich brauchen. Dem Volkschirurgen Hetjim Tomo Konstantinovitj wurde für seine Verdienste im Befreiungskriege eine Pension von 200 Thalern aus der Privatchatoulle des Fürsten bewilligt. Ein Ministerialerlass verbot, die Fische durch betäubende Gifte zu fangen. —

Mit dem Uebersiedeln der Landesregierung aus Kragujevac nach Belgrad im Jahre 1841, erfolgte auch eine Aenderung in der Leitung des Sanitätswesens. Dr. Steitj kam in den Staatsrath als General-Secretär, zum Sectionschef wurde Dr. Patzek ernannt. Das Inspectorat der Quarantainen wurde aufgelassen.

Aus diesem Jahre haben wir weiter zu verzeichnen: Die Gemeindearztstelle in Belgrad wurde auf den Rang eines Kreisphysicates erhoben, und der betreffende Arzt Staatsbeamter. Der Mangel an Doctoren der Medicin war noch so gross, dass einzelne Physicate an Magister der Chirurgie vergeben werden mussten. Es wurde die schon 1836 errichtete Landesapotheke von Kragujevac nach Belgrad versetzt, in Kragujevac aber eine Filiale der Staatsapotheke mit einem diplomirten Provisor belassen. In Folge der vorgeschriebenen Maassregeln gegen die Kurpfuscherei von Nichtärzten, ersuchte der Volksaugenarzt Dimitrije Todorovitj aus Paratjin lege artis geprüft zu werden, und nachdem er viele von ihm Operirte vorgestellt, wurde er zur Prüfung zugelassen. operirte einen Staar-

kranken vor einer aus Aerzten bestehenden Kommission, und bestand
die Prüfung so gut, dass ihm vom Ministerium die Erlaubniss zur
Discision und Reclination der Cataracta ertheilt wurde. — Damit
die Aerzte im Lande, welche damals von jedem geistigen Leben fast
ausgeschlossen waren, die Fortschritte der Heilkunde verfolgen
könnten, gründete der Sectionschef Dr. Patzek einen ärztlichen Lese-
verein, dem alle Aerzte beigetreten mit der Pflicht jedes Jahr, entweder
eine medizinische Zeitschrift zu halten, oder ein grösseres medizinisches
Werk anzuschaffen und allen Collegen zur Disposition zu stellen.
Dr. Patzek besorgte das Programm der anzuschaffenden Zeitschriften
und Werke und die Versendung an alle Collegen.

Im Jahre 1842 wurde auch den reichen Mineralwässern des
Landes Aufmerksamkeit geschenkt. In Banja al. wurde das erste
Gebäude für die Badegäste auf Staatskosten errichtet. — Die
Sträflinge bekamen die Medikamente unentgeltlich, das Impfgesetz
wurde verschärft, den Kreisärzten Tagegelder für amtliche Reisen
bewilligt. — Nachdem in den politischen Wirren des Jahres 1842
Dr. Patzek des Landes verwiesen wurde, kam wieder Dr. Steitj auf
die Stelle des Sectionschefs für das Sanitätswesen.

Aus dem Jahre 1843 erwähnen wir das Project des Dr. K.
Peicsitj aus Pancsevo, im Belgrader geistlichen Seminarium einen Katheder
für Volksmedicin zu errichten. Aus seinem Memorandum, welches
dem Fürsten vorgelegt wurde sehen wir, dass Dr. Peicsitj eigent-
lich den angehenden Geistlichen hygiene und etwas populäre,
aber auf wissenschaftlichen Principien beruhende Medicin vortragen
lassen wollte, um auf diese Art der Landbevölkerung, während des
Mangels an diplomirten Aerzten in der Wahrung der Gesundheit zu
helfen. Das Unterrichtsministerium wollte aber damals nicht davon
wissen. — Das Impfhonorar der Aerzte wurde durch einen Zusatzartikel zum Impfgesetz von 80 auf 40 Centimes auch für die Städter
herabgedrückt, und das Honorar aus der Staatskasse für die Unbemittelten, aufgehoben. — Der Sanitätschef versuchte ein Reglement
für die Friedhöfe und das ganze Begräbnisswesen, welches
von seiner hohen Bildung und staatsmännischer Klugheit Zeugniss giebt,
durchzusetzen, musste sich aber mit folgenden Gesetzartikeln[14]) begnügen:

[14]) Vom 6. Oktober 1843, Seite 397.

1. Die alten Friedhöfe, welche zu nahe den bewohnten Häusern sich befinden, müssen aufgelassen und neue errichtet werden.

2. Dieselben müssen wenigstens 1000 Schritt von den äusserst gelegenen Wohnhäusern des Ortes entfernt sein.

3. Jedes Grab muss 6 Schuh tief (für Kinderlnichen unter 15 Jahren 5 Schuh) sein.

Bei Gelegenheit der Entscheidung über die Errichtung des städtischen Krankenhauses in Belgrad, im Jahre 1844, kam auch die Anomalie der Verfassung, nach welcher das Unterrichtsministerium für die Krankenhäuser competent war, auf die Tagesordnung, und wurde durch Allerhöchste Entscheidung vom 16. December 1844 die Frage folgendermassen geregelt: Das Ministerium des I n n e r n, dem auch die Sanitätsabtheilung unterstellt, hat in der Folge: 1. Spitäler zu errichten; 2. für die äussere und innere Ausstattung derselben zu sorgen; 3. die Leitung dieser Anstalten zu führen. — Dem Unterrichtsministerium wurde überlassen, dafür Sorge zu tragen, dass die nothwendigen Fonds gebildet und die Gelder eingebracht werden, sowie dass diese Fonds nur zu Spitalsaufgaben verwendet werden.

In einem Ministerialrescripte von diesem Jahre wurde anbefohlen: Pfützen und Moräste in bewohnten Orten auszutrocknen, die Gassen und Höfe rein zu halten, Aeser zu vergraben, grössere Hausthiere nicht in den Städten selbst sondern aussserhalb derselben zu schlachten und auszuweiden.

Im Jahre 1845 wurde ein Gesetz über die Organisation der „Regierungsapotheke" und ein Regulativ für die schon entstehenden Privatapotheken vorgeschlagen, man bekam aber blos Ministerialvorschriften darüber. Nachdem der damalige allgewaltige Staatsrath nicht lange einen solchen Generalsecretär wie Dr. Steitj war, entbehren konnte, so wurde Derselbe wieder in den Staatsrath versetzt, und Dr. L i n d e n m a y r wurde zum Sectionschef der Sanitätsabtheilung ernannt (Juni 1845), in welcher Stellung er volle 15 Jahre verblieb. Die Dienstverhältnisse der Aerzte, welche fremde Unterthanen waren, wurden als contractueller Staatsdient, mit 3monatlicher Kündigungsfrist für beide Contrahenten geregelt. Zum Studium der ansteckenden Krankheit „Frenga", welche schon in elf Kreisen constatirt wurde, wurde in einem Flügel des belgrader Garnisonhospitals eine besondere Station vorbereitet und eine ärztliche Commission mit diesem Studium beauftragt. Beim Versuch den Privatverkauf von Medicamenten und Giften zu Industriezwecken zu regeln ist die Sanitätsabtheilung auf sehr grosse Schwierigkeiten gestossen, weil dieser Verkauf beinahe in allen Kaufläden und Boutiquen betrieben wurde. Glücklicher war sie mit der Verbesserung der materiellen Lage der Kreisärzte, welche jetzt in je zwei Klassen der Doctoren und Chirurgen eingetheilt wurden, von denen die Aerzte I. Kl. 400, diejenigen der II. Kl. 350 Thaler jährlich und die Chirurgen 300 und 250 Thaler jährlich bekamen. Im Jahre 1846 wurde ein Gebäude für die Kurgäste in Bukovik angefangen und die Mineralquelle besser gefasst, die erste diplomirte Hebamme angestellt, ein Ministerialerlass über den Milzbrand publizirt, ebenso ein Rescript über den Gebrauch der Effecten an ansteckenden Krankheiten gelegenen Patienten, worin die nothwendige Desinfection durch Räucherung in Schwefeldämpfen etc. angeordnet wird und ein Anderes über die Selbstbehandlung der Krätze.

In diesem Jahre kam die Regierung Serbiens zur Ueberzeugung, dass es für eine wünschenswerthe Entwickelung des Staates absolut nothwendig ist, für die höhere fachmännische Ausbildung der Landeskinder zu sorgen und beschloss das Institut der Staatszöglinge auf fremden Universitäten und Fachacademien zu schaffen. Es wurden allsogleich zehn solcher Staatsstipendien zu 300 Thaler jährlich gestiftet, und zehn junge Leute nach Wien, Halle, Göttingen, Hohenheim, Hofwyl, Berlin und Paris geschickt, um militärische, philosophische, politisch-administrative, landwirthschaftliche Studien zu machen. Nach dem Absolviren dieser Zöglinge wurden andere geschickt, und so kamen auch Staatszöglinge auf medicinischen Facultäten an die Reihe.

Nachdem 1876 die Rinderpest in den Donaufürstenthümern (Walchei und Moldau) sehr stark wüthete, wurden von der Sanitätsabtheilung solche wirksame Schutzmassregeln gegen die Thierseuche angeordnet, dass trotz des grossen Verkehres zwischen Serbien und Rumänien, nicht ein einziger Fall von Rinderpest eingeschleppt werden konnte.

Aus dem Jahre 1847 haben wir den ersten Versuch einer
Taxe für gerichtsärztliche Untersuchungen versucht, die
aber nicht bewilligt wurde. Die Beobachtungs- und Behand-
lungsstation für die Frengakrankheit wurde eröffnet, und das Resultat
war, dass die Volksnamen „Frenga-" und „Skrljevo-Seuche" nichts
anderes als alle Formen der constitutionellen Syphilis bedeuten.[13])
Weiter wurde von Seite der Sanitätsabtheilung die Errichtung eines
Landeshospitals in Vorschlag gebracht, aber bald musste diese Idee
derjenigen von Errichtung der Kreishospitäler Platz machen. — In
allen Staatsgefängnissen wurde eine Localität zum Krankenhause bestimmt, wo die kranken Sträflinge vom Kreisarzt behandelt wurden.
— Die grösste Aufmerksamkeit wurde in diesem Jahre der Golubatzer
Mücke gewidmet, weil die Schwärme dieses Insectes für den Stand
der Hausthiere im Lande höchst verhängnissvoll wurden.[14]) Das
Resultat der eingehendsten Studien über dieses verheerende Insect
ist in dem Berichte des damaligen Kreisarztes von Pozarevac
Dr. Medovitj niedergelegt, aus dem wir nur die Schlagwörter hier
angeben können. Die Mücke entwickelt sich einzig und allein aus
gewissen sechs Bächen längst des rechten Donauufers im Pozarevacer
Kreise, aus drei Bächen im Krainer Kreise und aus zwei Bächen auf
dem österreichischen Donauufer. Die ersten Schwärme zeigen sich
gegen Ende April. Das Wasser dieser Bäche ist anfangs klar, bald
aber legt sich eine gelblich weisse, schleimige Schichte an alle Gegenstände im Bache, und wird dieselbe gegen das Donauufer zu immer
dichter. Darauf erscheint diese Schichte wie ein gewöhnlicher Frosch-
laich, dann zeigen sich dunklere Puncte in demselben, die Keime der
künftigen Mücke. Es entstehen allmählig auf der Oberfläche des
Wassers ganze Decken und Netze, welche auf den grösseren Bächen
von der Einmündung in die Donau mehrere Klafter landeinwärts sich
erstrecken. Die ganze Masse wird dunkler, die schwarzen Punkte
bekommen das Aussehen von Maden, und in einigen Tagen sind es
ganz ausgebildete Mücken, welche sich aus dem Netze herauswinden,

---

[13]) Siehe darüber Sigmund, Untersuchungen über die Skerljevo-Seuche
und einige damit verglichene Krankheitsformen, Wien 1855.
[14]) Im Jahre 1844 sind blos in drei Kreisen 11,000 Stück Hausthiere
gefallen, im Jahre 1856 in 4 Kreisen fielen 8000 Hausthiere.

ans trockene Land kommen, dort gestärkt und getrocknet, in Schwärmen in die Luft fliegen. Je weiter sie von der Brutstätte dringen, desto gefährlicher werden ihre Stiche, selbst den grössten Hausthieren. In der nächsten Nähe der Brutstätten machen sie niederartigen Schaden.

Die Sanitätsabtheilung ordnete in Folge dessen an, dass die betreffenden Bäche jedes Jahr von jener schleimigen Laichschichte gereinigt werden, wodurch ziemlich gute Resultate erzielt wurden. Die Procedur wird noch heutzutage fortgesetzt, und die Verheerungen der Golubatzer Mücken sind auf ein Minimum reducirt worden. Im Jahre 1848 beschäftigte sich die Sanitätsabtheilung mit dem Ankauf von Grundstücken für die Curhäuser in Bukovik und in Koviljacsa (Smrdanbara) bei Loznica (Schwefelquelle) bis eine neue Gefahr aus Rumänien herankam, nämlich die Cholera. Trotz der ausgebreitetsten Vorsichtsmassregeln, welche rechtzeitig vorgenommen wurden, konnte die Einschleppung der Krankheit nach Serbien nicht verhindert werden, und von den 17 Landeskreisen wurden 10 von der Krankheit heimgesucht. Es erkrankten im Ganzen an Cholera 2272 Menschen, von denen 1051 gestorben sind.

Aus dem folgenden Jahre 1849 haben wir den ersten serbischen Staatszögling für Medizin in Paris zu verzeichnen, der zuerst 300, bald aber 400 Thaler jährl. Stipendium bekam.[*]) In diesem Jahre bereiste eine von der österreichischen Regierung ausgesandte, aus den Universitätsprofessoren Dr. Sigmund, Dr. Dlauhy und dem Regimentsarzt Dr. Breyning bestehende Commission alle serbischen Quarantainen und Rastellämter, um die Organisation und die Functionen dieser serb. Sanitätsanstalten zu studiren. Für Serbien waren die Folgen dieses Studiums[**]) sehr erfreulich, denn seit dieser Zeit stiess Serbien nicht mehr auf eine so ungerechtfertigte Anzweiflung seiner Sanitäts-Institutionen wie dies bisher so häufig geschehen war. — Für alle Kreisämter wurden Sections- und geburtshilfliche Instrumente, für 6 grössere Kreise auch noch je ein chirurg. Instrumentenkasten angeschafft. — In demselben Jahre wurde aus der Moldau und Walachei, wo die Rinderpest schon drei

---

[*]) Es war das der nachherige Sectionschef Dr. Stevan Milosavljevitj.

[**]) Vergleiche die Publikation Dr. Sigmunds vom Jahre 1850 „Ueber die Quarantainereform und die Pestfragen".

Jahre wüthete, und aus Ungarn, wohin sie auch eingeschleppt war, nach der Niederwerfung der Revolution, von ungarischen Flüchtlingen, welche die bestehende Grenzsperre Serbiens gegen Ungarn nothgedrungen brachen — die Rinderpest nach Serbien eingeschleppt, und zwar in neun Gemeinden des Krainer Kreises. Sogleich wurde an Ort und Stelle eine ständige Viehseuchencommission, bestehend aus dem Adlatus des Kreishauptmannes, dem Kreisarzte und dem dipl. Veterinär Büchele eingesetzt, die verseuchten Gemeinden mit Cordonwache abgesperrt. Um der Thätigkeit der Viehseuchencommisson mehr Nachdruck zu geben wurde ihr bald der Unterstaatssecretär im Ministerium des Innern, als ausserordentlicher Regierungscommissär, mit ausgedehntesten Vollmachten zur Hilfe geschickt, und es gelang durch so schnelle und energische Maassregeln nicht bloss, die Seuche auf die inficirten Gemeinden zu beschränken, sondern es gelang ihr auch, vom Viehstande der verseuchten Orte mehr als drei Viertel zu retten [*)] und die Seuche gänzlich auszurotten und zwar in einem Zeitraume von nicht ganz drei Monaten. So wurden die veterinärpolizeilichen Maassregeln in Serbien gehandhabt 32 Jahre bevor das Land ein Viehseuchengesetz bekommen hat.

Im Jahre 1850 wurde ein Ministerialrescript über den unbefugten Medicamentenverkauf erlassen, wodurch diese Frage definitiv geregelt wurde. Ausser den schon erwähnten Badeorten wurde auch denjenigen in Ribari und Brestovac Aufmerksamkeit gewidmet, Wohnungen dort errichtet und restaurirt, Badewärter angestellt etc. In Gurgussovatz wurde das Kreisspital erbaut und für seine Einrichtung 7000 Francs verausgabt, die Stadt Pozarevac beschloss sich einen Stadtarzt zu nehmen mit 400 Thaler jährl. Bezahlung.

Mit dem Jahre 1851 fangt man an in die Bäder und Mineralwässer-Kurorte Aerzte für die Dauer der Saison zu commandiren; die Zahl der öffentlichen Apotheken im Lande vermehrt sich; 1852 wurde dem Landessanitätschef eine ständige ärztliche Commission zur Seite gestellt, welche ihr Gutachten über folgende Gegenstände dem Ministerium zu unterbreiten hatte: über Sanitätsanordnungen betreffend

---

[*)] Der ganze Rindviehstand der verseuchten Orte betrug vor der Einschleppung der Rinderpest 4458 Stück. Es erkrankten an der Rinderpest 1676 und umgestanden sind 1635.

den Gesundheitszustand der Menschen und der Thiere, über gerichtlich-medizinische Fragen, über Vorstellungen, welche in Sanitätsfragen höheren Orts vorgelegt werden sollten, über die Qualification der Sanitäts-personen, welche um Staatsanstellung ansuchen, die überhaupt alle Mittel zu berathen hatte, durch welche das Sanitatswesen in Serbien vervoll-kommnet werden könnte. Diese c o n s u l t a t i v e Commission fing aber bald an sich Rechte zu geben, welche selbst mit der Landesverfassung im Widerspruch standen, und deswegen wurde sie vom Sanitatschef, der ihr Präsident war, immer seltener berufen und so wurde der Zweck den man mit der Schaffung dieser Körperschaft im Auge hatte — nicht erreicht. In diesem Jahre bekam die Sanitatsabtheilung noch einen Arzt zur Hilfe, mit der Stellung eines Ministerialsekretairs[**]), alle ärztlichen Staatsstellen in Serbien waren besetzt, und daneben waren in Belgrad schon mehrere freipracticirende Aerzte, die Stadt Schabatz beschloss einen stadtischen Arzt anzustellen (1853), für die Erhaltung des Kreisspitales in Gurgussovatz wurde ein Steuerzuschlag von 40 Centimes per Kopf im ganzen Kreise angeordnet, die Stadt Kra-gujewac beschloss einen eigenen Arzt anzustellen, Pozarevac nahm eine diplomirte Hebamme etc. etc.

In den drei folgenden Jahren wird das Studium der 40 Mineral-wässer Serbiens fortgesetzt, und vom Sanitätschef ein Compendium veröffentlicht.[*]) Im Jahre 1858 wurden die Staatszöglinge für medizi-nische Studien aus der Competenz des Unterrichtsministeriums ge-nommen und unter die Leitung der Sanitatsabtheilung gestellt.

Mit der im Jahre 1858 erfolgten Restauration der nationalen Dynastie der Obrenovitje trat auch eine Veränderung in der Leitung der Sanitätsabtheilung des Ministeriums des Innern ein. Eine der ersten Fragen des 80jährigen Fürsten Milosch nach seiner Rückkehr in's Vaterland war: „Haben wir denn noch kein Landeskind, welches die Sanitätsangelegenheiten leiten könnte?" Die Kronräthe wiesen auf den gewesenen ersten Staatszögling für Medizin, den jetzt privatim

---

[**]) Es war das der bisherige Physicus Dr. Medovitj der auf diesen Posten 27 Jahre verblieb bis er i. J. 1879 zum Professor der öffentlichen Gesundheits-pflege an der Belgrader Hochschule ernannt wurde.

[*]) Die Mineralquellen überhaupt und die Heilquellen speziell im Fürsten-thume Serbien von Dr. E. P. Lindenmayr, Belgrad, 1856.

practicirenden Arzt in Belgrad, und so wurde Dr. Stevan Milosav Ejevitj zum Sectionschef für das Sanitätswesen ernannt und verblieb auf diesem Posten bis zu seinem Tode 1879.[*2])

Nachdem schon eine genügende Anzahl öffentlicher Apotheken im Lande errichtet war, wurde die Regierungsapotheke in Belgrad und deren Filiale in Kragujevac aufgelassen, und für die gerichtlich-chemischen Analysen, welche früher in der Regierungsapotheke besorgt wurden, ein kleines Staatslaboratorium der Sanitätsabtheilung beigegeben und die Stelle eines Regierungschemikers geschaffen mit 600 Thaler jährlichem Gehalt. Dieser Posten wurde mit dem gewesenen Landesapotheker Pavle Ilitj besetzt, der zugleich als Referent für das Apothekerwesen beim Sanitätschef fungirte.

Im Jahre 1860 wurde ein provisorisches Krankenhaus zur Behandlung Syphilitischer im Studenitza-Bezirke errichtet, zuerst im Dorfe Sklapnitza, dann in den Gebäuden der Quarantaine Raschka, schliesslich in Karanovac, wo diese Anstalt bis zum Jahre 1867 gewirkt hat, bis sie, weil Niemand mehr im Krankenhause sich behandeln lassen wollte, aufgehoben wurde. Der Leiter dieses prov. Krankenhauses war der zweite Staatszögling für die Medizin, Dr. Milossav Pavlovitj.

Die im Jahre 1859 tagende grosse Volksversammlung verlangte dass jeder Bezirksbevölkerung, welche einen eigenen Bezirksarzt halten und bezahlen möchte, diese Bitte gewährt werde. Das Ministerium liess alle Bezirke darüber votiren, und als im Jahre 1861 alle Berichte eingelaufen, fand man, dass elf Bezirke sich bereit erklärt hatten, durch einen besonderen Steuerzuschlag eigene Bezirksärzte halten. Es wurde allsogleich von Seiten der Sanitätsabtheilung ein Concurs zur Besetzung dieser neuen 11 ärztlichen Stellen im Lande ausgeschrieben.

Am 22. October 1860 wurde speciell vorgeschrieben dass jede Gemeinde die in ihrem Wirkungskreise erkrankten Armen ärtzlich behandeln lassen müsse. Zum Schutze gegen die Einschleppung von Menschen- und Viehseuchen waren bisher die Grenzbewohner zum

---

[*2]) Dr. Lindenmayr wurde anfangs einfach übergangen (wegen seiner politischen Haltung 1842) dann in Disponibilität und in den Ruhestand versetzt und 1883 mit dem Commandeurkreuz des kgl. serbischen Takovo-Ordens dekorirt.

Cordondienst commandirt. Am 21. April 1860 wurde die 7tägige Ablösung der Grenzer durch die weiter im Innern des Landes Wohnenden gesetzlich geregelt. Im Jahre 1861 wurde die ständige ärztliche Commission, als berathendes Organ des Ministers des Innern in fachmännischen Sanitätsfragen wieder in's Leben gerufen und durch den Fürsten im Jahre 1862 bestätigt.

Die ersten Bezirksärzte wurden auf Grund eines Contractes zwischen den Gemeindevorstehern des betreffenden Bezirkes und dem Arzte, mit dreimonatlicher Kündigungsfrist für beide Contrahenten, mit einer Jahresgage von 500 Thalern, Impftaxe und 20% Zuschlag für die verabfolgten Medicamente, aber ohne das Recht, für die ärztlichen Visiten ein besonderes Honorar verlangen zu dürfen, angestellt. Die Dienstinstruction der Bezirksärzte war derjenigen der Kreisärzte ähnlich mit dem Zusatze, allen Kranken im Bezirke ärztliche Hilfe leisten zu müssen.

Am 3. März 1861 erfolgte die allerhöchste Entschliessung, durch welche die Landesirrenanstalt in Belgrad errichtet wurde, mit anfänglich nur 25 Betten zur Aufnahme Geisteskranker aus dem ganzen Lande, welche vorher von den Gerichten als Irrsinnige erklärt worden sind. Die Armen wurden unentgeltlich behandelt und verpflegt, die Vermögenden hatten eine Taxe zu zahlen. Aus diesen und anderen Einkünften sollte allmählig ein Fonds für die Landesirrenanstalt geschaffen werden. Vom Personale hatte die Anstalt einen Director, der zugleich ordinirender Arzt war, einen Assistensarzt, einen Verwalter, einen Geistlichen und die nothwendige Zahl der Wärter und Diener.

Die Frage der Errichtung eines städtischen Krankenhauses in Belgrad (zugleich Kreishospital des Belgrader Kreises), welches bis jetzt in sehr ungünstigen gemietheten Privatlokalitäten untergebracht war, wurde durch die Munificenz des menschenfreundlichen Fürsten Michael und durch die liebevolle Mühewaltung seiner edlen Gemahlin der Fürstin Julie endlich zur Entscheidung gebracht, und im Jahre 1865 wurde der Bau eines schönen Gebäudes für das Belgrader Krankenhaus von 120 Betten angefangen.

Durch die Reorganisation aller Ministerien vom 10. März 1862, wurde der Einfluss des Unterrichts-Ministeriums auf die Sanitätsangelegenheiten des Landes, unbedingt ausgeschlossen, und die

Leitung des ganzen Sanitätswesens in Civil und Militär definitiv
getheilt. Im Jahre 1865 wurde auf der Belgrader Hochschule
eine Lehrkanzel für gerichtliche Medizin und öffentliche
Gesundheitspflege errichtet[1]).

Die Regierungszöglinge für die Medizin, deren Zahl jetzt sieben
war, wurden wiederum der Obsorge des Unterrichts-Ministeriums
anvertraut (1864), die Kreisärzte wurden in drei Klassen mit 550,
450 und 350 Thaler Gehalt eingetheilt. die Revaccination empfohlen,
und das Entrichten einer Impftaxe dafür ohne Rücksicht auf den
Erfolg anbefohlen. die internationalen thierärztlichen Kongresse in
Wien (1864) und in Zürich (1867) wurden von Serbien beschickt.

Am 26. Mai 1865 wurde das Gesetz über die öffentlichen
Apotheken[2]) promulgirt und in Zusammenhang damit vom
Minister des Innern eine kurze Fassung einer Pharmacopoë für
Serbien und eine Medicamenten-Taxe vorgeschrieben. Aus
diesem Jahre haben wir auch das erste Gesetz über die Errichtung
und Organisation von Krankenhäusern[3]). laut welchem die
Civilspitäler. ihrer Entstehung nach in öffentliche und private
eingetheilt und unter die Regierungsaufsicht gestellt werden. Die
ersten werden entweder vom ganzen Lande. oder von einem Kreise,
von einem Bezirke, auch bloss von einer einzelnen Gemeinde errichtet
und ausgehalten. Die Privathospitäler dagegen. welche von einzelnen Menschenfreunden oder durch Sammlung mildthätiger Gaben
errichtet werden, bekommen ihre Statuten nicht vom Ministerium,
sondern von den Gründern, dieselben müssen aber dem Ministerium zur
Genehmigung vorgelegt und dann genau eingehalten werden. In die
öffentlichen Hospitäler werden alle Kranke ohne Unterschied der
Leiden, des Geschlechtes. der Religion oder der Nationalität aufgenommen werden, doch hat der Bemittelte. wenn auch zuständig,
und jeder Fremde nicht zuständige Kranke die der Anstalt ver-
ursachten Auslagen zu vergüten. während dagegen der constatirt
zuständige Arme, Wartung und Pflege gratis geniesst.

---

[1]) Die bisherigen Professoren waren Dr. Medovitj, Dr. Milan Jovanovitj.
[2]) Gesetzsammlung des Fürstenthums Serbien, Bd. XVIII, S. 131.
[3]) Vom 27. März 1865, Gesetzsammlung Bd. XVIII, S. 107.

Im Jahre 1866 wurde für das Belgrader Krankenhaus ein aus-
führliches Dienstregulativ erlassen.

Durch ein einfaches Ministerialrescript **) wurde eine für die
weitere Entwicklung des serbischen Sanitätswesens epochemachende
und segensreiche Verfügung getroffen. Der Minister des Innern
schreibt an den Finanzminister:

„Die Nothwendigkeit, öffentliche Krankenhäuser zu errichten,
wird immer dringender. In einzelnen Orten, wo schon Kreishospitäler
bestehen, reichen die Spitalfonds nicht aus, um den Bestimmungen
des § 2 des Gesetzes über die Krankenhäuser vom 27. März 1865
gemäss alle Kranken zur Behandlung aufzunehmen. In Folge dessen,
ist es nothwendig, im Sinne des § 7 des angeführten Gesetzes eine
Verstärkung der bestehenden Spitalfonds durch Steuerzuschlag an-
zustreben, und in solchen Kreisen, wo noch keine Spitalfonds existiren,
dieselben zu schaffen. — Demgemäss habe ich die Ehre, Sie um die
Anordnung zu ersuchen, bei der nächsten Steuereinnahme, von jedem
Steuerkopf einen Steuerzuschlag von 1 Francs 60 Centimes
jährlich für die Krankenhäuserfonds absammeln zu lassen, so lange
bis diese Fonds durch die eigenen Revennen in den Stand gesetzt
werden für die Erhaltung der Krankenhäuser auszureichen“.

Am 19. Januar 1866 wurde diese Verfügung vom Finanz-
Ministerium angeordnet, und die Kreis-Spitalfonds waren gegründet. Die für die bestehenden Hospitäler nicht nothwendigen,
überschüssigen Summen, wurden der Direction der Landesfonds zur
Verzinsung überwiesen.

Im Jahre 1866 wurde Serbien wiederum von der Cholera
heimgesucht, welche 12 Kreise ergriffen hatte. Die Sanitäts-Abtheilung
organisirte einen so vortrefflichen ärztlichen Tag- und Nachtdienst
in allen heimgesuchten Orten, ordnete so zweckmässige Maassregeln, dass von den 1661 erkrankten Personen, eine relativ kleine
Zahl von 611 gestorben.

Diese Choleraepidemie hatten noch eine hygienische Maassregel
zur Folge: Es wurde das Zudecken der Särge noch im Sterbe-

**) Vom 16. Dezember 1866, S. 2068 des Ministeriums des Innern, und vom
19. Januar 1866 S. 2945 des Finanzministeriums.

hause, durch ein Ministerialreskript [*)] anbefohlen, und die Aufsicht
darüber den Geistlichen überlassen. Die vorgeschriebenen Strafen
für die Nichtbefolgung dieser Anordnung waren zu gering, um dem
Herzenswunsche der Angehörigen „ihre lieben Verstorbenen auf ihrem
letzten „Gange" zum Friedhof, die Strassen, das eigene Haus oder
Geschäft noch ein letztes Mal zu sehen" Gewalt anzuthun. Die
Anordnung wurde nicht befolgt, bis die Frage nicht gesetzlich
geregelt wurde.

In Anbetracht der kriegerischen Ereignisse, welche erwartet
wurden, eröffnete man 1867 in Belgrad einen Cursus über die
„niedere" Chirurgie und die erste Hilfeleistung, dessen Leitung dem Professor Dr. Medovitj übertragen wurde [**)]. Die Sanitäts-
Abtheilung bekam in diesem Jahre auch einen Landesthierarzt,
den sie aber bald an's Kriegsministerium abtreten musste. Die
ständige ärztliche Commission wurde durch ein Gesetz [**)] als
ständiger ärztlicher Ausschuss definitiv organisiert.

Am 22. April 1872 wurde auf Vorschlag eines Militärarztes [**)]
die Serbische Gesellschaft der Aerzte gegründet, welche
sogleich eine Hülfe von 1200 Francs jährlich aus der Privatchatoulle
des Fürsten bekam. Das Parlament votirte auch am 3. Decbr. 1873
ein Gesetz [*)], demgemäss alle Veröffentlichung dieser Gesellschaft in der
Staatsdruckerei unentgeltlich gedruckt werden sollen. Dieser Hilfe
des Landesfürsten und der Nationalskupschtina ist es zu danken,
dass die serbische Gesellschaft der Aerzte während ihres 10jährigen
Bestandes. eine grosse Masse von wissenschaftlichen, statistischen,
speciell ärztlichen und hygienischen Arbeiten aufzuweisen hat [**)].

[**)] Vom 14. September 1866, S 1846.

[**)] Derselbe veröffentlichte auch ein sehr gutes Handbuch über diese Hilfeleistungen. Vom selben Dr. Medovitj haben wir auch gute Handbücher über
„Sanitätspolizei" und über „gerichtliche Medizin."

[**)] Vom 4. April 1869, Gesetzsammlung, Bd. XXI, S. 10.

[**)] Des fürstlichen Leibarztes Dr. Vladan Gjorgjewitj.

[*)] Gesetzsammlung, Bd. 26., S. 10.

[*)] Serbisches Archiv für die gesammte Heilkunde (der lateinische Titel
heist: Archivum serbicum pro universa scientia et arte medica recipienda.) Zwei
Abtheilungen. Die erste enthält Originalaufsätze, Sitzungs- und Jahresberichte
der Gesellschaft. Bisher sind 7 Bände erschienen. Die zweite Abtheilung enthält grosse Originalwerke oder Uebersetzungen von grösseren Fachwerken. Bis
jetzt XIV Bände erschienen, der XV. befindet sich im Drucke.

Damit hätten wir in knappen Umrissen die erste Periode der
Entstehung und Entwickelung eines Civil-Sanitäts-Dienstes, in welcher,
wie wir gesehen, von Fall zu Fall sehr viel Gutes und Erspriessliches
geschaffen und geleistet wurde[93]).

An Stelle des Anfangs 1879 verstorbenen Dr. Milossavljevitj
wurde der Armeechefarzt des zweiten Krieges, Sanitätsoberstlieutenant
Dr. Gjorgjevitj zum Sectionschef der Sanitätsabtheilung im Ministerium
des Innern ernannt. Er erachtete es als seine Pflicht, sowohl im
Interesse des Dienstes, als auch aus Pietät gegen seine verdienst-
vollen Vorgänger, vor Allem, Alles das, was in der vierzigjährigen
Periode (1839—1879) auf gesetzlichem Wege oder durch Ministerial-
erlasse im Sanitätswesen geschaffen wurde, aus den Archiven zu
sammeln, zu studieren und zu veröffentlichen.[94]) Während dieser
Studien wurden alle Kreispräfecturen und die Stadtdirection von
Belgrad durch ein Ministerialrescript[95]) aufgefordert, von allen Aerzten
des Landes Meinungsäusserungen zu verlangen, „ob und welche
Reformen im Sanitätswesen einzuführen wären" und mit den betreffenden
Motiven einzusenden. Nach Abschlus seiner Studien unterbreitete der
neue Sanitätschef ein Referat dem Minister,[96]) aus dem wir nur
Folgendes mittheilen wollen:

„Während der ersten 40 Jahren unseres neuen staatlichen Lebens
wurde sehr viel, meistens gut auf dem Felde des Sanitätswesens,
besonders in den Quarantaine-Institutionen, gearbeitet, aber man kann
es nicht verhehlen, dass in der ganzen bisherigen sanitären Gesetzgebung ein einheitlicher Plan vermisst wird, die Institutionen sind in
keiner organischen Verbindung, es fehlt die Vorsorge für die nach
der Entwickelung des Staatslebens unausbleiblichen Bedürfnisse. Die
ganze gesetzgeberische Thätigkeit im Sanitätsfache hat sich in dieser

---

[93]) Für diese Periode, überall wo nicht eine besondere Quelle angegeben
worden ist, haben wir das schon erwähnte Werk von Dr. Lindenmayr
(Serbien etc.) benützt.

[94]) Ministerium des Innern. — Sanitätsabtheilung. Gesetzsammlung
der das Sanitätswesen betreffenden Gesetze, Regulative, Ministerialreskripte und
Anordnungen. Band I, erstes Heft. Belgrad, Staatsdruckerei, 1879, in
16° Seiten X. und 412. Zweites Heft. Belgrad, 1879. Seiten XI. und 242.

[95]) Vom 17. Mai 1879, S. No. 1780.

[96]) Vom 1. September 1879.

Periode auf die Befriedigung der jeweiligen Tagesbedürfnisse, in der Reihenfolge, wie sie zu „brennenden Fragen" wurden, beschränkt.

Abgesehen davon, hat sich das Volksleben in Serbien, besonders in den letzten Decennien, so gewaltig verändert, dass manche von den sanitären gesetzlichen Bestimmungen, welche ihrerzeit genügend waren, heute als veraltet und ungenügend betrachtet werden muss. Das Volk ist diesen sanitären Institutionen entwachsen, man fühlt das Bedürfniss einer gründlichen Reform in diesem Zweige der Staatsadministration, die Wissenschaft von der öffentlichen Gesundheitspflege hat gerade in den letzten Jahren solche Fortschritte gemacht, dass dieser Umstand allein genügen würde, an eine Reform zu denken, welche dem gegenwärtigen Stande der öffentlichen Gesundheitspflege, der Staatsarzneikunde, besser entsprechen würde."

„Demgemäss hat auch der unterzeichnete Sectionschef es für seine Pflicht erachtet, auf Grund der über das bisher Geleistete gemachten Studien, ein Project über die zu machenden Reformen ausgearbeitet, wobei er nicht bloss die Erfahrungen, welche in fremden Staaten mit Sanitätsgesetzen gesammelt wurden, benutzt hat, sondern auch die Lebensverhältnisse unseres Volkes, die Resultate aller Fachcommissionen, welche zum Studium einzelner Sanitätsfragen eingesetzt gewesen, schliesslich die Erfahrungen aller in Serbien präticirenden Aerzte, soweit sie der Aufforderung des Ministeriums vom 17. Mai des laufenden Jahres S. No. 1780 Folge geleistet haben. So ist das beigeschlossene Project über ein die öffentliche Gesundheitspflege betreffendes Gesetz ausgearbeitet worden. Dieses Project umfasst alle Zweige des Sanitätswesens, es enthält so viele gesetzliche Bestimmungen über die wichtigsten Verhältnisse, von denen die Gesundheit des ganzen Volkes und seines gesammten Viehstandes abhängig sind, dass der unterzeichnete Sectionschef den Herrn Minister ersuchen muss, die eingehendste allseitige Kritik dieses Projectes von Seite competenter Fachmänner anordnen zu wollen, bevor dasselbe der Nationalskupschtina zur Genehmigung vorgelegt werden sollte."

In Folge dieses Referates setzte der Minister des Innern eine aus den Herren Doctoren: Medovitj, Dokitj, Jankovitj, Klinkovski, Walenta, Gonsiorovski, Jasnjevski und Kuzelj, aus

dem Chef des Militärveterinärwesens Herrn Bengjik, den Ministerial-
secretären Dr. Stevanovitj und P. Tjelitj zusammengesetzte Commission ein, mit der Aufgabe, das Project zu studiren und einen
Bericht darüber zu unterbreiten, ob das Project dem gegenwärtigen
Stande der Wissenschaft über die öffentliche Gesundheitspflege ent-
spreche, welches seine Mängel seien, und wie dieselben auszubessern
wären. Derselben Commission wurde auch ein zweites Project des
Sectionschefs betreffend die Gründung eines „Nationalsanitätsfonds"
zu Begutachtung zugewiesen.

Die Commission löste ihre Aufgabe in 13 Sitzungen, welche sie
im Laufe des September hielt, und approbierte beide Projecte
mit mancher wichtigen Aenderung in den Details des Projectes.*)

Nachdem die Vorschläge dieser fachmännischen Commission
seitens des Ministeriums angenommen waren, wurden die betreffenden
Aenderungen beziehungsweise Zusätze in den Projecten ausgeführt
und die Projecte dem Staatsrathe zur Begutachtung vorgelegt.**) Der
Staatsrath hat sich bloss in die Kritik des Gesetzvorschlages betreffend
der Gründung eines Nationalsanitätsfonds eingelassen, er hat
ihn im Princip angenommen, hat aber betreffs der Manipulation mit
den Geldern dieses Fonds einige Zusätze vorgeschlagen, welche auch
vom Ministerium angenommen wurden.

Und so brachte der Minister des Innern in der ordentlichen
Session der Nationalskupschtina, welche im November 1879 in Nisch
zusammengetreten war, beide Gesetzvorschläge, betreffend die Organisation der öffentlichen Gesundheitspflege ein, mit folgender Motivirung:

„In Anbetracht dessen, das:

1. Mit der Entwickelung der Civilisation in allen Staaten, somit auch in Unseren, der Kampf um's Dasein immer schwerer wird,
dass die Lebensbedingungen immer complicirter und schwerer zu

---

*) Alle Aenderungen, welche diese Commission an dem Projecte vorge-
nommen, wurden in den Sitzungsprotokollen derselben veröffentlicht, im Archiv
der Gesellschaft der Aerzte und in einem besonderen Buche, welches von der
Sanitätsabtheilung für die Parlamentsmitglieder unter dem Titel „Die vorbereitenden Schritte für die Reform des Sanitätswesens in Serbien" herausgegeben
wurde. (Belgrad 1880, gr. 8°, Seiten 539.) Die Sitzungsprotokolle der Commission findet man auf S. 210—258 dieses Bandes.

**) Am 29. September 1879, S. No. 369.

bewältigen werden, in Folge dessen die Zahl der Erkrankungen immer grösser wird;

2. Dass die Heilkunde noch nicht die Entwickelungsstufe erreicht hat, um alle Schäden, welche die Menschen an ihrer Gesundheit in Folge der Lebensweise, zu der sie gezwungen sind, erleiden, gut machen zu können;

3. Dass wohl jeder Mensch einmal, aber Niemand vorzeitig sterben muss, dass Niemand in der ganzen Lebensfülle an Krankheiten sterben sollte, welche verhindert werden können;

4. Dass durch die Erfahrung vieler europäischer und amerikanischer Staaten bewiesen worden ist, dass eine Mortalität von 40 pro Mille und darüber gar nicht vom „Schicksal" der Menschheit bestimmt wird, sondern, dass diese Mortalität durch zweckmässige hygienische Maassregeln, durch Canalisationen, Wasserleitungen etc. auf die Hälfte und noch weiter reducirt werden kann;

5. Dass es ebenfalls bewiesen worden ist, wie die gefährlichsten Menschen- und Viehseuchen von jedem Staate, wo die Bevölkerung und die administrativen Behörden diesen Fragen eine genügende Aufmerksamkeit widmen, abgewendet werden können, und wie diese verheerenden und ansteckenden Krankheiten in den Fällen, wo deren Entstehung oder Einschleppung nicht verhindert werden konnte, durch zweckmässige sanitäts-polizeiliche Massregeln im Entstehen erstickt oder wenigstens auf ein Minimum reducirt werden können;

6. Dass jeder Staat nicht bloss die moralische Verpflichtung hat, dafür Sorge zu tragen, seine Staatsangehörigen vor dem vorzeitigen Sterben und Untauglichkeit für die Arbeit zu schützen, sondern, dass er auch ein grosses materielles Interesse hat für die öffentliche Gesundheitspflege zu sorgen, denn er kann ausgiebige volkswirthschaftliche und kriegerische Leistungen nur von den gesunden Bürgern verlangen, denn er kann Patriotismus und Opferwilligkeit für das Vaterland nur von Menschen mit gesundem Seelenleben beanspruchen, und dieses ist nur bei körperlicher Gesundheit zu finden.

7. Das somit ein guter Gesundheitszustand in einem Volke mit dem allgemeinen Wohlstand desselben identisch ist;

8. Das die Kranken und Unheilbaren nur von der Gesundheit und dem Wohl des Staates zehren, dass auch diejenigen welche vor-

zeitig sterben den Staat beschädigen, weil das ganze Kapital welches auf ihr Auf- und Erziehen verwendet wurde, verthan wird;

9. Dass die Volksvertretung bei mehreren Gelegenheiten besonders aber in der Adresse auf die Thronrede vom J. 1870 den Wunsch geäussert hat die Regierung möge der öffentlichen Gesundheitspflege eine grössere Aufmerksamkeit widmen;

10. Dass Serbien an der internationalen Konferenz auf welcher gemeinsame Maasregel für die Tilgung der Viehseuchen angenommen wurden, theilgenommen hat, somit verpflichtet ist, diese Maasregel im eigenen Lande gesetzlich einzuführen;

11. Dass der Hauptreichthum unseres Volkes vorläufig im Viehstande besteht, dass derselbe sehr viel von verschiedenen Viehseuchen leidet, welche die Ursache sind, das benachbarte Staaten ihre Grenzen für unsern Handel absperren müssen;

In Anbetracht all' dessen, hat die Regierung Seiner Hoheit besondere Gesetzvorlagen über die Organisation dieses Dienstzweiges ausarbeiten lassen, und auf Grund des § 27, Punkt 1 des Gesetzes vom 10. März 1862 über die Organisation der centralen Staatsregierung, laut welchem es „Pflicht des Ministers des Inneren ist, alles das wegzuräumen und zu verhindern was für die Gesundheit, das Leben und das Vermögen der Staatsbürger schädlich oder gefährlich werden könnte, und das Land mit allen Mitteln und Institutionen welche zum Schutze des Lebens und der Gesundheit nothwendig sind, zu versorgen, — hat der Minister des Innern die Ehre, die beigeschlossenen zwei Gesetzprojekte der Volksvertretung vorzulegen".

Zugleich wurde der Sektionschef der Sanitätsabtheilung mit fürstlichem Dekret zum Vertheidiger dieser Projekte im Namen der Regierung in der Nationalversammlung ernannt.

In der 21. Sitzung dieser Session am 7. Dezember 1879 kam eine dieser beiden Gesetzvorlagen, diejenige „über den Nationalsanitätsfond" auf die Tagesordnung. Die Debatten über dies kleine Gesetz von einigen Paragraphen haben vier volle Tage gedauert **).

**) Siehe „Die vorbereitenden Schritte für die Reform des Sanitätswesens in Serbien" Seite 422—514. Eine von den Reden, welche Sectionschef Dr. Gjorgjewitj zur Vertheidigung der ganzen Reform in dieser Debatte gehalten

weil die politische Opposition im Serbischen gerade so wie in allen
Parlamenten der Welt, aus jeder, auch der unpolitischesten Frage,
Kapital für sich zu schlagen, bestrebt ist. Endlich wurde das Gesetz
mit einer jedenfalls wichtigen Aenderung (nämlich mit der Reduktion
des Steuerznschlags für den Nationalsanitätsfond, von den vorge-
schlagenen 2 Fr. jährlich auf 1 Fr. 60 Centimes) doch in der vor-
geschlagenen Fassung votirt und vom Landesfürsten am 28. Dezember
1879 promulgirt worden.

Was wurde durch dieses Gesetz für das Sanitätswesen erreicht?

Die 17 kleinen Kreisspitalfonds, welche in einzelnen, an Ein-
wohnerzahl kleinen Landeskreisen, kaum im Stande gewesen wären,
selbst der beschränkten Aufgabe, das Kreishospital zu bauen und aus-
snhalten, gerecht zu werden, diese kleinen 17 Bäche wurden in einen
mächtigen Strom zusammengefasst, welcher nun das grösste Fahrzeug
zu tragen im Stande war; die kleinen Kreisspitalfonds wurden in einen
grossen Nationalsanitätsfond zusammengeschmolzen, dessen Kapital
heute sieben und ein halb Milionen Fr. beträgt, dessen Interessen
zu 5% allein über 300,000 Fr. jährlich abwerfen, und diese Summe,
mit dem fortlaufenden Steuerzuschlag für Sanitätszwecke, 1 Fr. 60
Centimes per Steuerkopf, und mit einer Staatshülfe aus der Staatskasse, welche bis auf 218,000 Fr. jährlich kommen kann, alle diese
Quellen bilden ein jährliches Einkommen des Nationalsanitätsfonds von 1,000,000 bis 1,200,000 Fr. Somit konnte das Civilsanitätswesen Serbiens, in materieller Hinsicht, vollständig von der
Politik und ihren in konstitutionellen Staaten unvermeidlichen
Schwankungen befreit und auf eigene Füsse unabhängig gestellt
werden. Laut Gesetzes über den Nationalsanitätsfond können die
Einkünfte desselben (das Kapital darf in keinem Falle angetastet
werden) einzig und allein auf solche sanitäre Zwecke verwendet
werden, welche durch ein selbstständiges, von der Nationalversammlung

---

hat, ist nicht nur von fast allen serb. Zeitungen abgedruckt, sondern auch in der
„Wiener mediz. Wochenschrift" vom Jahre 1880, No. 5, 6 und 7
im Auszuge mitgetheilt und mit einigen wohlwollenden Worten begleitet
worden.

jährlich zu votierendes Sanitätsbudget bestimmt sind. [100]) — Das pium desiderium des III. internationalen hygienischen Kongresses in Turin, betreffend ein selbstständiges Sanitätsbudget in allen Staaten, wurde durch das Gesetz über den Nationalsanitätsfond zuerst in Serbien verwirklicht.

Zur Prüfung und Berichterstattung über das zweite Projekt betreffend die öffentliche Gesundheitspflege, wurde von der Nationalskupschtina ein aus 9 Parlamentsmitgliedern bestehender „Sanitätsausschuss" eingesetzt. Dieser ausserordentliche Parlamentsausschuss hat einen vollen Monat gearbeitet, an seinen Debatten haben sehr viele Mitgliedern der Skupschtina theilgenommen, welche durch die nähere Kenntnissnahme der tiefeingreifenden und den Privatsäckel

[100]) Hier das letzte Sanitätsbudget für das laufende 188.. Rechnungsjahr:

Einkünfte.

a) Interessen vom Capital	348537 Francs	
b) Steuerzuschlag	584000	„
c) Staatshilfe	87223 „	34 Cent.

Summe 1019760 Francs 34 Cent.

Ausgaben.

1. Sanitätsabtheilung des Ministeriums des Innern	42572 Fr.	80	Cent.
2. Der oberste Sanitätsrath	4000 „	—	„
3. Staatslaboratorium	11318 „	72	„
4. Auf 22 Kreisärzte	71604 „	—	„
5. „ 17 Kreisthierärzte	32000 „	—	„
6. „ 22 Bezirksärzte	53793 „	80	„
7. „ die Landesirrenanstalt	66,574 „	60	„
8. Das allgemeine Krankenhaus	88189 „	—	„
9. Auf 20 Kreishospitäler	280000 „	—	„
10. „ zwei besondere Krankenhäuser für die Behandlung der endemischen Syphilis	20000 „	—	„
11 „ Hospitalbauten	80000 „	—	„
12. Quarantaine- und Rastellämter	48357 „	42	„
13 Stipendium für 30 Staatszöglinge für Medizin und für 10 Zöglinge für Veterinärwissenschaften	101250 „	—	„
14. Tage- und Meilengelder für das Sanitätspersonal	25000 „	—	„
15. Für das Impfgeschäft im ganzen Lande	30000 „	—	„
16. Allgemeine Credite, Mineralwässer, unvorhergesehene Auslagen etc.	64000 „	—	„

Summe 1019760 Fr. 37 Cent.

ziemlich unangenehm berührende Reformen so erschreckt wurden, dass,
als der Sanitätsausschuss mit dem Berichte am 5. Januar 1880 fertig
war, die regierungsfreundliche Majorität selbst in einer grossen Partei-
konferenz die Regierung ersuchte, dieses Gesetzprojekt bis zur nächsten
Session zu verschieben, „um dasselbe eingehender studieren zu können."
Nicht bloss dass die Reden des Sanitätschefs ohne jeden Erfolg
blieben, sondern es half selbst die Autoritat des Ministerpräsidenten
Ristitj, der einen gewaltigen Einfluss auf seine Majorität ausübte, gar
nichts. Vielleicht wollte er auch nicht recht, die, durch unliebsame
Konflikte in der Finanzpolitik des Landes, stark gereizte und aufge-
regte eigene Partei, zu diesen, voraussichtlich sehr langen Verhand-
lungen, drängen. Genug, die Gesetzvorlage über die öffentliche Gesundheitspflege kam nicht mehr auf die Tagesordnung dieser Session
des gesetzgebenden Körpers.

Ob es der liberalen Partei wirklich um ein genaues Studium
der aufgeschobenen Gesetzvorlage zu thun gewesen, mag dahingestellt
bleiben, eines ist aber sicher, dass wenigstens die Sanitätsabtheilung
des Ministeriums diesen Aufschub zu weiteren Studien und Ver-
besserungen des projektirten Gesetzes faktisch ausgenützt hat.

Im Oktober 1880 trat in Serbien ein Regierungswechsel ein. An
Stelle der Liberalen kam die Fortschrittspartei an's Ruder. Die neue
Regierung nahm nicht nur die vorbereitete Gesetzvorlage über die
öffentliche Gesundheitspflege in das eigene Regierungsprogramm auf,
sondern sendete den Sanitätschef nach Budapest um zwischen Serbien
und Oesterreich-Ungarn eine Veterinär-Konvention auszuarbeiten
die auch zu Stande gebracht worden ist. In Folge dessen wurden
nun die betreffenden Gesetzartikel, welche auf das Landesveterinär-
wesen Bezug hatten, aus der Gesetzvorlage über die öffentliche Gesundheitspflege ausgeschieden, und daraus, im Sinne der abgeschlossenen Konvention, zwei Gesetzprojekte ausgearbeitet „das Viehseuchengesetz" und „das Gesetz über die Rinderpest" und somit
in die, im November 1880 in Belgrad zusammengetretene Nationalversammlung, drei sanitäre Gesetzvorlagen eingebracht.

Dank der hohen Protection des Landesfürsten, des Königs Milan I.
selbst, Der ein so hohes Interesse für die Sanitätsreform hatte,
dass Er Paragraph für Paragraph des Projects persönlich stu-

Gjorgjewitj.　　　　　　　　　　　　　　　　7

dirte und mit höchsteigenhändigen Randglossen versehen hat, die beinahe immer sehr zutreffend waren, und für die Verbesserung des Projectes benutzt wurden, Dank der Arbeitslust der frisch gewählten Abgeordneten, den brillanten Reden mit denen der Minister des Innern, Herr Garaschanin, in die Vertheidigung der Gesetzvorlagen[**]) eingegriffen hat, Dank der Haltung der radicalen Opposition, welche in diesen Fragen keine Opposition à tout prix getrieben, und hauptsächlich, Dank der schon im Nationalitätsfond geschaffenen materiellen Basis für die Sanitätsreform, welche somit keine neuen Steuerzulagen verlangte, sondern im Gegentheil das Staatsbudget von den über 200000 Francs betragenden jährlichen Auslagen für das Sanitätswesen befreite, indem diese Auslagen auf das Sanitätsbudget übergingen, ebenso wie die Impftaxe für die Vaccination im ganzen Lande, welche nicht mehr von den Eltern der Impflinge, sondern vom Sanitätsbudget zu bezahlen war. Dank allen diesen Umständen, und dem wirklichen Sachverständniss vieler Abgeordneten, wurden alle drei sanitären Gesetzvorlagen, trotz der Ermüdung und Aufregung der Skupschtina in Folge der kaum abgeschlossenen Eisenbahnfrage — durchberathen und mit einigen, mehr oder weniger guten Amendements, votirt, so dass der Landesfürst schon am 31. März 1881 die Gesetze:

1. Ueber die Organisation des Sanitätswesen und die öffentliche Gesundheitspflege,

2. Ueber den Schutz vor den Viehseuchen im Allgemeinen und über deren Tilgung,

3. Ueber den Schutz vor der Rinderpest und die Tilgung dieser Viehseuche

sanctioniren und promulgiren konnte.

In der Thronrede, mit welcher diese Session des gesetzgebenden Körpers geschlossen wurde, gedachte der Landesfürst der geschaffenen Sanitätsreform mit so gnädigen und wohlwollenden Worten, dass Sein Lob durch eine gewissenhafte Ausführung der gesetzlich garantirten Reform erst zu verdienen sein wird.

Da diese drei Gesetze den deutschen Fachmännern durch

_ _ _ _ _ _

[**]) Welche sonst dem Regierungsbevollmächtigten ad hoc, dem Sanitätschef anvertraut war.

die officiell veranstaltete deutsche Ausgabe derselben[102]) bekannt sein
dürfte, so können wir uns hier bloss auf die Hauptzüge der Reform
beschränken. Die Leitung des Sanitätswesens befindet sich in der Sanitätsabtheilung des königlichen Ministeriums des Innern, dessen Chef zugleich der fachmännische und der administrative Leiter des ganzen
Dienstes ist. Obwohl er unter die Befehle des jeweiligen Ministers
des Innern gestellt ist, ist er durch das Gesetz, noch mehr aber
durch die Specialität des ihm anvertrauten Faches, so selbständig,
dass er, wenn auch nicht de jure, so doch de facto beinahe als Sanitäts-
minister aufgefasst werden könnte; diese Selbständigkeit wurde auch

---

[102]) Gleich nach der Publication dieser Gesetze in der Landessprache, hat
der Sanitätschef „von der Auffassung geleitet, dass die Gesetzgebung eines
Landes das sicherste Criterium für seine Entwickelungsstufe, für sein inneres
Gesammtleben, und für das Vertrauen, welches man ihm in internationalen Be-
ziehungen widmen darf, abgiebt, dass es somit wünschenswerth sei, die Haupt-
arbeiten der serbischen Gesetzgebung nicht blos in der so schwer den Fremden
zugänglichen serbischen, sondern auch in einer oder der anderen der Weltsprachen zu veröffentlichen" dem Minister des Innern vorgeschlagen, eine deutsche
und eine französische Ausgabe der Sanitätsgesetze zu veranstalten. Dieser Vorschlag wurde vom Minister unterm 1. August 1881 angenommen, und in einem
Monat darnach erschienen folgende zwei Bücher:

„Fürstenthum Serbien. Ministerium des Innern — Sanitätsabtheilung.
Die Sanitätsgesetze in Serbien. Amtliche Ausgabe. Belgrad in der
Staatsdruckerei, 1881, in gr. 8°, Seiten IV und 145."

„Principauté de Serbie. Section du service sanitaire. Les lois sani-
taires en Serbie. Edition officielle. Belgrade, Imprimerie de l'Etat, 1881
P. V et 185,

welche an alle Mitglieder des III. internationalen hygienischen Congresses und an
viele Hygieniker und Aerzte versendet sind.

Die Meinungsäusserungen der fremden Fachmänner über diese Gesetze
welche grösstentheils in Fachjournalen und Zeitungen veröffentlicht, theilweise
auch brieflich dem serbischen Sanitätschef zugingen, sind in einer serbischen
Brochure erschienen, welche den Titel führt: „Die Sanitätsreform in Serbien
nach den Urtheilen der deutschen, magyarischen, polnischen, böhmischen, französischen, italienischen, schwedischen, schweizerischen und holländischen Fachmänner, gesammelt und übersetzt von Dr. J. Danitj. Separatabdruck aus der
„Volksgesundheit". Belgrad, 1882, in kl. 8°. Seiten 42, und die Aeusserungen
der Herrn Doctoren Adler, Baron Mundy, Csatary, Prof. Reclam,
Prof. Sigmund v. Illanor, Prof. Josef Sormani (Pavia), Klas Linroth
(Stockholm), V. Janovsky (Prag), Pernitza (Wien) Professor Pachiotti
(Turin), du Mesnil (Paris), P. de Pietra-Santa (Paris), Prof. Wyss (Zürich),
Jäger (Amsterdam), Silberschlag (Deutsche Vierteljahresschrift für öffentl.
Gesundheitspflege) gebracht hat.

7*

vor der Reform, wenn auch nicht gesetzlich, so doch durch den freien
Willen aller Minister des Innern, ohne Unterschied der Personen und
der politischen Parteien, während der ganzen vierzigjährigen Entwickelung des neuen serbischen Staates, allen Sanitätschefs gewahrt.
Jetzt ist sie auch gesetzlich garantirt, und in Anbetracht der ganz speciellen, gesetzlich vorgeschriebenen Qualification dieser Sectionschefs, ist
es mehr als wahrscheinlich, dass alle Aerzte, welche auf diesen Posten
berufen werden sollten, auch weiterhin alle Sanitätsfragen von der
Ministerbank des Abgeordnetenhauses persönlich zu vertheidigen haben
werden, wenn auch unter dem bescheidenen Titel eines Regierungs-
commissärs ad hoc, was für das Meritorische der Aufgabe von keinem
Belange ist.

Der einzige, aber sehr wichtige Unterschied zwischen dem serbischen Sanitätschef und einem serbischen Staatsminister liegt darin,
dass der Ersterere nicht bei jedem Regierungswechsel (welche in
allen constitutionellen Staaten zum Schaden aller Fachressorts nur
zu oft geschehen), gewechselt werden muss, somit eine Sanitätsleitung
viele politische Systemwechsel, zum Wohle des Faches, überleben
kann, wie wir es auch in der bisherigen Periode gesehen haben, denn
während der Zeit, in welcher Serbien gegen 150 Staatsminister gewechselt
hat, hat es nur 4 Sanitätschefs gehabt, und wären die grossen politischen Umwälzungen nicht gewesen, so wäre ihre Zahl noch kleiner
und ein jeder von ihnen wäre als Sanitätschef gestorben. Um aber
die ständige Weiterentwickelung dieses speciellen Fachdienstes
in der Staatsadministration noch besser zu verbürgen, und dieselbe
selbst gegen die willkürliche Auffassung der jeweiligen Minister des
Innern und der Sanitätschefs zu schützen, gehen die gesetzlichen Bestimmungen über die Aufgabe der Sanitätsabtheilung und über die
Pflichten der betreffenden Sectionschefs bis in die kleinsten Details
sind, also auf den ersten Blick für ein Gesetz zu weitläufig geworden. Wir finden z. B. gleich im ersten Kapitel, Art. 4 des
Gesetzes folgende Bestimmungen:

„Die Aufgabe der Sanitätsabtheilung im Ministerium des Innern
umfasst:

1. Die Versorgung des Staates mit dem nothwendigen medicinischen,
pharmaceutischen, geburtshilflichen und thierärztlichen Personale; die

unter Mitwirkung des obersten Sanitätsraths vorzunehmende Untersuchung und Beurtheilung der wissenschaftlichen und fachlichen Be-
fähigung und der akademischen Qualification desselben, der Ertheilung
der Autorisation zur Privatpraxis dieses Personales, die Auswahl desselben für den Staatsdienst, die Unterstützung medicinischer Gesellschaften und Vereine für wissenschaftliche und Fachzwecke.

2. Die Sorge für die Errichtung der durch dieses Gesetz vorgesehenen Schulen zur Ausbildung des niederen Sanitätspersonals, der
ärztlichen Gehilfen, der Hebammen, der Krankenwärter und Kranken-
pflegerinnen; die, unter Mitwirkung des obersten Sanitätsraths vorzunehmende Ausarbeitung der Organisation dieser Schulen, die Bestimmung ihres Studienplanes, die Auswahl der Professoren, die Verordnungen betreffs der Prüfungsprogramme; die Controle aller Vorlesungen und Prüfungen in den genannten Schulen.

3. Die Auswahl der fremden Universitäten, auf welche die Staatszöglinge für die gesammte Heilkunde und das Veterinärwesen gesendet
werden, die Controlle ihrer Studien und der rechtzeitigen Ablegung
vorgeschriebener Prüfungen, und nach Beendigung ihrer Studien ihre
Verwendung im Dienste, nach dem jeweiligen Bedarf an Sanitäts-
organen.

4. Das gründliche Studium der Morbidität und der Mortalität
im ganzen Lande, der Ursachen der häufigsten Erkrankungen
bei Menschen und Thieren und deren Verhütung; die Sorge für Verhinderung der Entstehung von Krankheiten durch zweckmässige Verordnungen und durch Beseitigung der Krankheitsursachen, und in
Fällen, wo die Entstehung nicht hintangehalten werden konnte, die
Ergreifung der energischesten Massregeln behufs Reducirung der Krankheit und insbesondere der Morbidität der Kinder, auf ein möglichst
niederes Maass.

5. Die Sorge für die zweckentsprechende Behandlung der Kranken, insbesondere der Armen; für die allmählige Beschaffung von
Aerzten für jeden Bezirk und nach Möglichkeit für jede grössere
Gemeinde; für die Creirung und Organisation der durch das Gesetz
vorgesehenen grösseren centralen und kleineren Bezirkskrankenhäuser,
ihrer Einrichtung, ihrer Dienstreglements, sowie auch die Controlle

der ganzen Gebahrung in den Krankenhäusern in ärztlicher und öconomischer Hinsicht.

6. Die Ausarbeitung der Gesetzvorlagen und der Ausführungsvorschriften über das Verfahren bei ansteckenden Krankheiten, Endemien, Epidemien und Epizootien; die Ausarbeitung der Organisation und der Dienstreglements für die Quarantäneanstalten und die Kastel-Aemter.

7. Die Ausarbeitung der Pharmacopöe, der Gesetzvorlagen über das Apothekerwesen, die Vorschriften für die Apotheken, sowie für jene Individuen, welche zum Verkauf von giftigen Substanzen an industrielle Etablissements befugt sind; die Aufsicht und Controlle des ganzen Apothekerwesens.

8. Die Anordnungen über Vaccination und Revaccination im ganzen Lande und die Controlle des gesammten Impfgeschäftes.

9. Die Oberaufsicht über die Leichenschau, den Erlass von Vorschriften über die Friedhöfe, über die Bestattung, Exhumirung und den Transport von Leichen.

10. Die, unter Mitwirkung des obersten Sanitätsrathes zu erlassenden Verordnungen über die sanitätspolizeilichen und gerichtlichen Obductionen; die Controlle dieser Amtsthätigkeit.

11. Die auf dem Wege der Gesetzgebung anzustrebende Erweiterung der Befugnisse der Sanitätspolizei in Betreff der Volksernährung, der Wohnungen, der Dörfer und der Städte; die Beeinflussung der hygienischen Verhältnisse im Allgemeinen, insbesondere aber in den öffentlichen Anstalten, in den Schulen, Kasernen, Gefängnissen, Fabriken, Bergwerken, Wasserleitungen, Canalisationen etc., durch Erlass von speciellen Reglements für dieselben; den Erlass der Bedingungen, unter denen eine Industrie oder ein Handwerk betrieben werden darf, damit die Gesundheit der betreffenden Arbeiter nicht in Folge dieser Beschäftigung Schaden erleide; die Bestimmung der hygienischen Bedingungen in allen öffentlichen Localen, den Gasthäusern, Bäckereien, Bierbrauereien, öffentlichen Gärten etc.

12. Das Studium aller Mineralquellen im Lande, die Sorge für die Organisation und Ausbeutung der Curorte.

13. Die Regelung der öffentlichen Prostitution, und die strengste Aufsicht über die Ausübung der betreffenden Anordnungen.

14. Die Sorge für die Vermehrung und Entwickelung der öffentlichen Bäder, der Turnvereine und Anstalten, und für die nothwendige ärztliche Assistenz in denselben.

15. Die Organisation der Landesanstalten zur Pflege der Unheilbaren, der Blinden, der Taubstummen, der Findlinge etc.

16. Die Entwickelung und Vervollkommnung der Landesirren-Anstalt.

17. Die fortlaufenden Veröffentlichungen über den jeweiligen Stand der Volksgesundheit und die Ausarbeitung von jährlichen General-Berichten an den Minister über alle zur Wahrung der Volksgesundheit erlassenen Anordnungen und über deren Ausführung und Resultate."

Das Personale der Sanitätsabtheilung enthält ausser dem Sections-Chef einen Inspector der Sanitätsanstalten, der den Sanitäts-Chef in allen seinen Arbeiten zu unterstützen, besonders in der Ausarbeitung der Sanitätsstatistik, und jährlich alle Sanitätsanstalten zu bereisen hat; zwei Ministerialsecretaire, aus den Aerzten, welche schon wenigstens 4 Jahre im Lande gedient haben, gewählt, zwei Staatschemiker, welche alle hygienischen und gerichtlich-chemischen Analysen zu machen, die Mineralquellen des Landes chemisch zu untersuchen, die Revision in allen öffentlichen Apotheken des Landes vorzunehmen und die Retaxirung aller auf Sanitätskosten verausgabten Medicamente vorzunehmen haben; einen Inspector der Sanitätsbauten, einen Ingenieur, dem auch die Fragen der Canalisation, Wasserleitung, Austrocknung der Sümpfe, die Ausarbeitung einer hygienischen Baupolizeiordnung übertragen ist, einen Chef des Veterinärwesens, der nicht blos diplom. Thierarzt, sondern womöglich auch Dr. der gesammten Heilkunde sein soll; einen Archivar und mehrere Concipisten und Abschreiber. —

Zu der Sanitätsabtheilung gehören ausser den zwei Abtheilungen des Chemischen Staatslaboratoriums auch noch der oberste Sanitätsrath, dessen Aufgabe eine consultative ist, aber mit dem Rechte der Initiative, selbstständige Vorschläge dem Minister zu unterbreiten; der Sanitätsrath hat die Super-Revision in allen gerichtlich-medicinischen und sanitätspolizeilichen Fragen, er schreibt die Qualification der Staatszöglinge für die Medicin vor, und hat auch bei der Ausarbeitung des Sanitätsbudgets mitzuwirken. Er besteht aus

7 Aerzten, einem Chemiker, einem Thierarzt, einem Ingenieur und einem Juristen. Kein Beamter der Sanitätsabtheilung kann Mitglied des Sanitätsrathes werden, somit ist diese Körperschaft im Stande, ganz unabhängig, das ganze Gebahren der Sanitätsabtheilung zu controliren und eventuell von ihrem Rechte der Initiative Gebrauch zu machen, um so eher, als die Mitglieder des obersten Sanitätsrathes nicht vom Minister oder dem Sanitäts-Chef, sondern von der serbischen Gesellschaft der Aerzte gewählt, und durch Königliches Decret auf drei Jahre ernannt werden. Die Sanitätsräthe beziehen als solche ein jährliches Honorar für ihre Mühewaltung.

Dies ist die Leitung des ganzen Civilsanitätswesens. Gehen wir nun zu den Ausführungsorganen und Anstalten über.

Das Königreich Serbien ist in administrativer Hinsicht in 21 Kreise, eine Stadtdirection (Belgrad) und 80 Bezirke eingetheilt. Jeder Kreis und die Residenz haben je einen Kreisarzt oder Physicus, je einen Kreisthierarzt, und jeder Bezirk einen Bezirksarzt zu erhalten.

Die Kreisärzte müssen Doctoren der gesammten Heilkunde (oder Doctoren der Medicin, Chirurgie und Magister der Geburtshilfe) sein, und im Lande ihrer Promotion die Staatsprüfung bestanden haben, sonst müssen sie diese Prüfung in Belgrad ablegen. Der Kreisarzt ist als Sanitätsreferent des Kreishauptmannes Chef der ärztlichen Abtheilung in der Präfectur, und Chef des ganzen Sanitäts-Personales im Kreise. Seine Hauptaufgabe ist das Volksleben in hygienischer Beziehung zu studiren, zu welchem Zwecke er den ganzen Kreis sehr oft zu bereisen und die Maassregeln zur Verhütung von Krankheiten vorzuschlagen hat. Wenn die Präfectur ein derartiges schriftliches Referat unbeachtet gelassen, hat der Kreisarzt direct an den Minister zu berichten. In Epidemien und anderen dringenden Fällen hat er das Recht, die nothwendigen Maassregeln anzuordnen und selbst sogleich auszuführen, und alle Landesbehörden müssen diesen Anordnungen Folge leisten. Der Hauptsache nach ist dieser Arzt der Hygieniker des Kreises, dem die Behandlung von Kranken, die Todtenschau etc. nur in Ausnahmefällen, wo keine anderen Bezirks-, Gemeinde- oder Privatärzte vorhanden, erlaubt ist. Als Hygieniker besorgt er das ganze Impfgeschäft des Kreises, unterbreitet die vorgeschriebenen Berichte über die Gesundheitsverhältnisse des Kreises etc. Im Volksheere fungirt er als Brigadearzt, und in Kriegszeiten steht er bei seiner Brigade bis zur Demobilisation, mit allen Rechten und Pflichten der Sanitätsoffiziere jener Chargen, welche den Bezügen des betreffenden Kreisarztes entsprechen. Der erste Gehalt des eben aufgestellten Kreisarztes ist 2500 Francs jährlich [101]). Alle fünf Dienstjahre bekommt er eine Gehaltserhöhung von 500 Francs, so dass er mit 25—30 Dienstjahren 5000 Francs bezieht. Nach dem vollendeten 30. Dienstjahre wird er mit dem vollen Gehalte pensionirt (während alle anderen Staatsbeamten mit Ausnahme der Professoren erst mit dem vollendeten 40. Dienstjahre pensionsfähig werden). In Anbetracht der schon reifen Jahre, in denen ein Arzt im Allgemeinen seine Carrière anfangen kann, und der anstrengenden und gefahrvollen Berufsthätigkeit desselben, ist es wahrlich als eine Errungenschaft der serb. Sanitätsgesetzgebung anzusehen, dass die Dienstjahre aller im Civilsanitätsdienste stehenden Aerzte um 10 Jahre reducirt wurden.

Die Kreisthierärzte müssen diplomirte Thierärzte sein, haben durch Rathschläge und Anordnungen das Erkranken der Hausthiere nach Möglichkeit zu verhindern, besonders vor ansteckender Krankheit zu bewahren, und die kranken Thiere zu behandeln, die Vieh- und Fleischbeschau zu besorgen, Vorschläge betreffs der Veredelung verschiedener Thierracen zu unterbreiten, für die Ausführung aller Bestimmungen der Viehseuchengesetze Sorge zu tragen, die Viehpässe auszustellen, und den Hufbeschlägern und Schmieden des Kreises Vorlesungen (an Sonn- und Feiertagen) über das zweckmässige Beschlagen unregelmässiger Hufe und Klauen unentgeltlich zu halten, und die Aufsicht über die Abdeckereien zu führen. Diese Thierärzte sind in drei Klassen mit 1500, 1700 und 2000 Francs Jahresgehalt eingetheilt.

---

[101]) Wenn man aber, abgesehen von der Privatpraxis, bloss diejenigen Bezüge, welche der Kreisarzt für das Impfen, die Exhumationen und gerichtlichen Sectionen, für Reisen, für die Saison in Mineralwässern etc. auf der Präfecturkasse ausgezahlt bekommt, hinzurechnet, wird man nicht fehlen, wenn man annimmt, dass der Kreisarzt noch einen Jahresgehalt nebenbei verdient, dass er also gleich im Anfange des Dienstes auf 4—5000 Francs jährlich bezieht. Dasselbe gilt mutatis mutandis auch für die Bezirksärzte.

Die Bezirksärzte müssen dieselbe Qualification wie die Kreisärzte besitzen, und haben neben dem Dienste im Bezirksamte, welcher mit demjenigen des Kreisarztes ziemlich congruent ist, hauptsächlich die Kranken, sowohl in den, in jedem Bezirke zu errichtenden Bezirkskrankenhause, als auch im ganzen Bezirke, ärztlich zu behandeln. Im Volksheere sind sie Battaillonsärzte, sind während der Kriegsdauer zur Disposition des Kriegsministers, und werden im Bezirkskrankenhause von den Assistenzärzten derselben vertreten, bis dieselben nicht in militärische Reservehospitäler umgewandelt werden und mit Reserveärzten versorgt werden. Sie sind nicht mehr von den Gemeindevorstehern und Bezirkshauptleuten abhängig, sondern sind durch Königl. Dekret angestellte, vom Sanitätsfond (und nicht mehr durch besondern Bezirkssteuerzuschlag) bezahlte, und nach 30jähriger Dienstzeit mit dem vollen Gehalte (4000 Francs) pensionsfähige Staatsbeamte. Es war kein geringes Unternehmen, von einem gesetzgebendem Körper, welcher eine hier und da begründete, jedenfalls aber zuweit gehende Aversion gegen die Creirung von neuen Beamtenstellen hat, die gesetzliche Schaffung von 80 neuen „so schnell" pensionsfähigen Beamten zu verlangen, aber es wurde, Dank dem schon bestehenden Nationalsanitätsfond glücklich durchgesetzt, und somit erst die Möglichkeit geschaffen für jeden Bezirk auch wirklich einen tüchtigen Arzt zu bekommen.

Was die Gemeindeärzte anbelangt, so ist jede 10,000 Einwohner zählende Gemeinde gesetzlich verpflichtet, einen Gemeindearzt aus eigenen Mitteln zu bezahlen, auf 20,000 Einwohner sind drei, auf 30,000 Einwohner fünf Gemeindeärzte vorgeschrieben. Sobald die Zahl aller in einer Stadt practicirenden Aerzte so gross geworden ist, dass auf ein jedes tausend Einwohner ein Arzt kommt, wird das Recht zur Ausübung der Privatpraxis in dieser Stadt, so lange nicht weiter vergeben, bis nicht alle Bezirke und grösseren Gemeinden mit der nothwendigen Zahl der Aerzte versehen sind. Diese Maassregel ist anscheinend nicht liberal, aber wir wurden zu dieser Beschränkung der Privatpraxis in Städten im Interesse des ganzen Landes gezwungen, denn solange Belgrad mit seinen 33,000 Einwohnern über 40 practische Aerzte besitzt, haben wir grosse Bezirke ohne einen einzigen Arzt. Der Gemeindearzt ist seiner Aufgabe nach der Hygieniker und der Armenarzt der Gemeinde in derem Rathe er mit entscheidender Stimme in allen sanitären Fragen theilnimmt. Wenn ein Gemeindearzt aus dem Communaldienst in den des Staates übergeht, werden ihm alle, im Gemeindedienste zugebrachten Jahre, als Dienstjahre angerechnet. Diese Verfügung wurde in das Gesetz aufgenommen, nur um den Gemeinden die Anschaffung von Aerzten zu erleichtern, damit nicht alle bloss in den Staatsdienst strömen. In Kriegszeiten müssen die Gemeindeärzte in den Reservehospitälern dienen, und wenn Einer in denselben stirbt oder untauglich wird, hat er, beziehungsweise seine Familie, die Rechte der Sanitätsofficiere.

Jede Gemeinde von 5000 Einwohnern muss eine diplomirte Hebamme halten, in grösseren Städten für jedes Stadtviertel eine Hebamme. Wo keine solche Stadteintheilung besteht, muss für jede weiteren 5000 Einwohner noch eine Hebamme angeschafft werden.

Die ärztliche Privatpraxis in Serbien ist durch dieses Gesetz bis in die kleinsten Details der Honorarfragen für jede bestimmte ärztliche Hilfeleistung präcisirt und geregelt. Wir erwähnen nur, dass das Recht zur Ausübung der ärztlichen Privatpraxis vom Minister des Innern nur an solche serbische Unterthanen ertheilt wird, welche Doctores Medicinae universae oder Medicinae et Chirurgiae sind. Magistri Chirurgiae können nur Assistenzärzte, die Patrone der Chirurgie nur Krankenwärtervorsteher in den Hospitälern werden.

Von den Anstalten und Maassregeln zur Verhinderung der Erkrankungen besitzen wir: die Quarantainen, die Rastelämter und die Gesundheitswächter an den Ueberfuhren der grossen Grenzflüsse (Donau und Save), die Impfung und Revaccination, die Bestimmungen betreffs der Friedhöfe und des Bestattungswesens und die Regelung der öffentlichen Prostitution.

Die Aufgabe der Quarantainen und aller Grenzsanitätsanstalten ist, die Personen, welche an einer ansteckenden Krankheit leiden (Pocken, Flecktyphus, Scharlach, Diphtheritis etc.) nicht in das Land eintreten zu lassen, ebenso die Einfuhr vom kranken Vieh zu verhindern. Der Minister des Innern ist bevollmächtigt, den Gesundheitsverhältnissen an Menschen und Thieren in den angrenzenden Staaten entsprechend, das Personal der Quarantainen und Rastellämter zu vermehren und zu restringiren. Im Falle der Noth, falls dem Lande eine grosse Gefahr von einer im benachbarten Staate herrschenden Seuche droht, wird der König, über Antrag des Ministerrathes, eine ausserordentliche Vermehrung des Personals der Grenzsanitätsanstalten und die Eröffnung neuer ähnlicher Anstalten anordnen. Die desshalb gemachten Ausgaben hat die Regierung vor der nächsten Nationalversammlung zu rechtfertigen. Bei normalen Gesundheitsverhältnissen der benachbarten Staaten, werden diese Anstalten auf ein Minimum reducirt.

Die gesetzlichen Bestimmungen betreffs der Isolirung und Behandlung eines jeden Variolafalles, der obligatorischen, aber für den Impfling unentgeldlichen Vaccination und Revaccination im ganzen Lande, sind den neuesten Anforderungen der Wissenschaft entsprechend, im Geiste des deutschen Impfgesetzes gehalten.

Die Friedhöfe müssen in den Städten und Marktflecken von den bewohnten Localitäten wenigstens 1000 Meter, und in den Dörfern wenigstens 250 Meter entfernt sein. Die bestehenden, aber dieser Bedingungen nicht entsprechenden Friedhöfe, sind innerhalb eines Zeitraumes von 10 Jahren zu schliessen, und neue zu errichten. Der Begräbnissturnus ist auf 10 Jahre festgesetzt. Für jedes Grab werden vier Quadratmeter Terrain (einschliesslich der Zwischenräume und Wege) berechnet. Die durchschnittliche Mortalitätsziffer wird mit 3—3 $^{1}/_{2}$ % jährlich angenommen, und aus diesen drei Factoren der nothwendige Flächenraum für die neuen Friedhöfe berechnet. Jeder Todte muss 24 Stunden im Sterbehause oder in der Leichenkammer beobachtet, und in allen Städten und Marktflecken, wo ein Arzt zu finden ist, erst nach der erfolgten Todtenschau bestattet werden. Kein Todter darf in offenem Sarge oder auf Handbahren getragen werden. Zuwiderhandelnde werden mit 20 Tagen Arrest oder 50 Francs Geldbusse bestraft. Es ist verboten, Schulkinder zum Todtengeleite zu verwenden. Wenn ein Individuum in einer Familie stirbt, welche nur ein Wohnzimmer besitzt, muss der Leichnam gleich nach der Todtenbeschau in die Leichenkammer der Friehofskapelle überführt und dort 24 Stunden aufbewahrt werden.

Die Regelung und Beaufsichtigung der öffentlichen Prostitution werden durch § 14 dieses Gesetzes dem Minister des Innern über-

lassen mit der Vollmacht für Nichtbefolgung seiner diesbezüglichen
Vorschriften und Reglements bis zu 30 Tagen Arrest und 150 Francs
Geldbusse strafen zu können.

Von den Anstalten zur Behandlung der Kranken und
zur Pflege der Unheilbaren aus dem ganzen Lande finden
wir, betreffs der öffentlichen Apotheken, der öffentlichen Krankenhäuser, des Krankenhauses für die Geisteskranken, des Asylhauses
für alle körperliche Gebresten und die Unheilbaren, der Bäder,
Thermen und Mineralquellen, folgende gesetzliche Bestimmungen:

Die Concession zur Eröffnung einer öffentlichen Apotheke
wird vom Minister des Innern für jede Stadt oder Marktfleck ertheilt,
die wenigstens 4000 Einwohner hat. In grösseren Städten kann
auf je 5000 Einwohner eine Apotheke eröffnet werden. Für jede
solche Concession wird ein öffentlicher Concurs ausgeschrieben, an dem
die Landessöhne, dann die Serben aus fremden Staaten, dann Slaven
und dann andere Fremde den Vorrang haben, vorausgesetzt, dass
alle Concurrenten diplomirte Magister der Pharmacie sind, über
6000 Francs Vermögen besitzen und das serbische Bürgerrecht
geniessen. Vor der Eröffnung wird eine genaue Prüfung der
Apotheke durch einen der Staatschemiker und einer Commission ad
hoc vorgenommen. Die Concession kann nicht übertragen werden.
Wenn der Apotheker stirbt, wird ein Administrator vom Minister eingesetzt, der die Apotheke für die Rechnung der Familie weiterzu-
führen hat. Die Strafen für die Nichtbefolgung der weiteren gesetzlichen, sehr detaillirten Bestimmungen über das Apothekerwesen, sind
ziemlich rigoros gehalten, aber dafür dem Geschäfte, dem Apotheker
und seiner Familie soviel Prärogative gegeben, dass es ein sehr
schönes und lucratives Geschäft ist, in Serbien Apotheker zu sein.

Wenn wir nun zu den Krankenhäusern übergehen, so finden
wir, dass das bisherige Belgrader Stadt- und Kreis-Hospital in ein
Allgemeines Krankenhaus zur speciellen Behandlung der
Kranken aus dem ganzen Lande, umgewandelt worden ist, welches auf
Kosten der Einkünfte des Nationalsanitätsfonds soweit erweitert werden
soll, um in fünf Abtheilungen (für inneren Krankheiten, für chirurgische
Fälle, für Geburtshilfe und Frauenkrankheiten, für Augen und Ohren-
krankheiten, endlich für Syphilis und Hautkrankheiten) getheilt

werden zu können, deren Leitung Specialisten anvertraut werden soll, für deren Ausbildung der Minister des Innern zu sorgen hat. In diesem allgemeinen Krankenhause sind auch Kliniken für die zu errichtende ärztliche Gehilfenschule vorgesehen, und soll jährlich je ein Cursus zur Ausbildung von Krankenwärtern und Pflegerinnen vom Director des Krankenhauses gehalten werden.

In jedem der 80 Landbezirke soll im Verlauf von 10 Jahren ein Bezirkskrankenhaus für wenigstens 20 Kranke, und zwar im Centrum des Bezirks, allen Dörfern des Bezirkes gleich nahe errichtet werden. Die Kreisstädte werden als selbständige Bezirke betrachtet und mit grösseren oder kleineren Krankenhäusern versehen werden. In allen diesen Krankenhäusern sind die Kranken ohne Unterschied des Geschlechtes, der Religion, der Nationalität und der Staatsangehörigkeit zur Behandlung aufzunehmen. Die Vermögenden haben eine Taxe zahlen, die Armen sollen auf Kosten des National-Sanitätsfonds behandelt und gepflegt werden. Die Vergütung der Verpflegungskosten für fremde Unterthanen wird von den betreffenden fremden Gemeinden, wo sie zuständig waren, angesucht werden, können sie aber nicht beigetrieben werden, so fallen sie dem Sanitätsbudget zur Last, gerade so wie die Verpflegungskosten für serbische Unterthanen, welche in den ausländischen Krankenhäusern behandelt wurden.

Das bisherige Landesirrenhaus wurde in ein Krankenhaus für Geisteskranke umgewandelt, mit zwei Abtheilungen, von denen die erste der psychiatrischen Behandlung der beginnenden Psychosen, die andere aber bloss der Pflege der unheilbaren Irren bis an ihr Lebensende gewidmet ist. Für jede Aufnahme in dieses Krankenhaus ist die Bewilligung des Ministers nothwendig. In die erste Abtheilung kann die Aufnahme nur auf Grund eines, von drei im Staat oder Gemeindedienste stehenden Aerzten ausgestellten Zeugnisses, welches auf bestimmte Fragen antwortet, erfolgen. Sollte irgend Jemand von der Familie, ja nur von der Bekanntschaft des Kranken gegen seine Aufnahme in die erste Abtheilung dieses Krankenhauses Einsprache erheben, so hat das Landesgericht zu entscheiden, ob die betreffende Person zur Behandlung aufgenommen oder entlassen werden soll. Erst nachdem im Laufe der Behandlung die

Unheilbarkeit des Kranken konstatirt worden ist, wird er vom Gerichte als irrsinnig erklärt, und in die zweite Abtheilung des Hauses zur Pflege überführt. Für den Fall, das irgend ein Kranker aus der ersten Abtheilung, von irgend einem seiner bürgerlichen Rechte, Gebrauch machen wollte, wird eine Commission aus drei Sanitätsräthen und einem Richter vorerst zu entscheiden haben, ob ihm die Ausübung desselben gestattet werden darf oder nicht.

Das Asyl für alle körperlichen Gebresten soll eine Blindenanstalt, ein Taubstummeninstitut, ein Armenhaus, ein Versorgungshaus, ein Waisenhaus, eine Findelanstalt, eine Anstalt zur Pflege der Unheilbaren u. s. w. enthalten und könnte füglich eine Humanitätscolonie genannt werden.

Was die Mineralwässer anbelangt, so sollen dieselben studirt, bei denen, welche nachgewiesenermassen nützlichen Erfolg versprechen, Bohrungen vorgenommen werden, um bis zu den natürlichen Bassins zu gelangen, und die Einrichtung und Exploitation der Curorte an Unternehmer verpachtet werden, zu welchen vorerst die betreffenden Gemeinden, Bezirke und Kreise eingeladen werden sollen, und dann aber an einzelne Kapitalisten und Gesellschaften abgetreten werden. Man hatte eben die Erfahrung gemacht, dass die Staatsadministration solche Sachen zu schwerfällig und zu kostspielig verwaltet.

Von den Schulen für das niedere Sanitätspersonal, ist die Hebammenschule, nach den besten im Auslande bestehenden Vorbildern einzurichten, die Schule aber für ärztliche Gehilfen hat den Zweck, den nach absolvirter Maturitätsprüfung aufgenommenen Zöglingen, so viel Kenntnisse aus der descriptiven und topographischen Anatomie, Physiologie, Chemie, Pharmacologie, Pathologie und Therapie, und der Geburtshilfe in 6 Semestern beizubringen, um aus ihnen practische Assistenzärzte für die Krankenhäuser zu gewinnen, also ihnen eine Bildung zu geben, welche etwa die Vratschi in Russland besitzen. Wenn der Landesbedarf an Assistenzärzten befriedigt ist, wird die Schule mit königlichem Dekret aufgehoben.

Um aber den Staat mit tüchtigen, auf der jeweiligen Höhe der Wissenschaft stehenden Aerzten, welche zugleich Landeskinder sind, zu versehen, ist schliesslich in diesem Gesetze bestimmt worden: Dass alljährlich Staatszöglinge zur Erlernung der ärztlichen und der

Veterinärwissenschaften auf die ausländischen Universitäten ausgesendet
und auf Kosten des National-Sanitätsfonds ausgehalten werden sollen
bis zur Absolvirung, unter der Bedingung, so viele Jahre, als sie das
Stipendium (2500 Francs jährlich, bei Ersatz aller Collegien- und
Privatkursgelder und Prüfungstaxen) genossen haben, dem Staate zu
dienen. Die Kandidaten werden vom academischen Senate
der Belgrader Hochschule gewählt.

Schliesslich ist der Minister des Innern bevollmächtigt, alle
Maassregeln, welche für die Wahrung der Volksgesundheit nothwendig
werden sollten, und welche in diesem Gesetze nicht vorgesehen sind,
durch eigenes Rescript anzuordnen und die Zuwiderhandelnden mit
30 Tagen Arrest oder 150 Francs Geldbusse strafen zu dürfen. —
Was die Gesetze „betreffend die Abwehr und Tilgung ansteckender
Thierkrankheiten" und „betreffend die Abwehr und Tilgung der Rinderpest" anbelangt, so brauchen wir aus denselben keinen Auszug zu
machen. Sie entsprechen genau den österreichischen „Viehseuchen-" und
„Rinderpestgesetzen", um den Abschluss der schon erwähnten
Veterinärconvention zu ermöglichen. Es genügt zu erwähnen,
dass Serbien auf Grund dieser Gesetze und der Convention: die Ein-
und Durchfuhr von Rindern aus Rumänien, Bulgarien und der Türkei,
welche Länder in veterinärer Hinsicht als ständig verdächtig zu betrachten sind, verboten hat, bis zum Zeitpunkte, wo diese Länder eine
ähnliche Organisation des Veterinärwesens gesetzlich einführen werden,
für welchen Fall eine Aenderung dieser Bestimmung im Wege des
Einverständnisses der serbischen und der österreichisch-ungarischen
Regierung vorbehalten ist.

Am 1. Mai 1881 traten diese drei Gesetze in's Leben, somit
sind es schon zwei Jahre, dass an der Ausführung dieser Sanitätsreform in Serbien gearbeitet wird. Wir wollen nun sehen,
die Resultate in diesen zwei Jahren erreicht worden sind.

Am 1. Mai 1881 erschienen die Königlichen Dekrete, durch
die die Mitglieder des obersten Sanitätsrathes ernannt wurden,
welche an demselben Tage sich als oberster Sanitätsrath constituirten,
um sogleich ihre Meinung über die Besetzung der neugeschaffenen
Posten in der Sanitätsabtheilung abzugeben, und die Diplome aller
im Staatsdienste vorgefundenen Aerzte, auf die gesetzlich vorgeschriebene

Qualification zu prüfen. Auf Grund dieser Arbeit wurden an demselben Tage alle Königlichen Dekrete publicirt, durch welche das ganze Personal der Sanitätsabtheilung (4 Aerzte, 2 Staatschemiker, 1 Ingenieur, 1 Beamter) angestellt, beziehungsweise in die neuen Pflichten und Rechte eingeführt wurden. Nachdem kein Doctor der Medicin, der zugleich diplomirter Veterinär ist, gewonnen werden konnte, wurde ein Militärthierarzt zum Stellvertreter eines Chefs des Veterinärwesens in der Sanitätsabtheilung ernannt.

An demselben Tage wurden durch Königliche Dekrete die Direktoren und Aerzte des allgemeinen Krankenhauses und des Krankenhauses für Geisteskranke, dann 21 Kreisphysici, 3 Kreisthierärzte und 16 Bezirksärzte angestellt. [104]) Zugleich wurden publicirt: Ministerialreskripte an alle Prefacturen und die Stadt Belgrad betreffend: Anstellung der Gemeindeärzte und der Hebammen, die Friedhöfe, die Regeluug der Prostitution, [105]) die Gebahrung mit allen Einkünften und Ausgaben des Nationalsanitätsfonds und die Impfung im ganzen Lande. Um die sanitären Verordnungen, Rapporte, Studien etc. in den weitesten Kreisen des Landes bekannt zu geben, und zugleich durch populäre Aufsätze über alle hygienische Fragen das Interesse und die Mitwirkung der Bevölkerung wachzurufen, wurde ein amtliches Wochenblatt „Die Volksgesundheit," gegründet [106]) welches jetzt alle Gemeinden, alle Schulen des Landes, und sehr viele Private zu seinen Abonnenten zählt, so das jede Nummer in zweitausend Exemplaren gedruckt wird.

[104]) Der einzige Magister, der noch als Kreisarzt vorgefunden, wurde in Disponiblität versetzt und dann pensionirt.

[105]) In diesem Reglement hat man Leipzig und Brüssel zum Vorbild genommen.

[106]) Die Volksgesundheit. Amtl. Organ der Sanitätsabtheilung des Ministeriums des Innern. Redacteur Dr. Vladan Gjorgjevitj, Sectionschef. Motto: „Laboremus". Erster Jahrgang. (1. Mai 1881 bis 31. Mai 1882) In gr. IV° Seiten 600. Enthält alle königl. Dekrete, alle Ministerialerlässe, Ausführungsvorschriften für die Sanitätsgesetze vom März 1881, alle Reglements, alle Rapporte und Sanitätsbulletins des ganzen Landes, den Generalbericht über die öffentl. Gesundheitspflege im Jahre 1880, etc. etc. In dem nichtamtlichen Theile befinden sich 36 populäre Abhandlungen über die Gesundheits- und Krankeupflege, 11 Abhandlungen über das Veterinärwesen, und zahlreiche kleinere hygienische und diätetische Aufsätze. Zweiter Jahrgang (vom 1. Juni 1882 bis Ende Mai 1883) in gr. IV° Seiten 496. Enthält ausser dem ähnlich zusammengesetzten

Gjorgjewitj. 8

Die erste Sorge der Sanitätsabtheilung war, durch öffentliche Konkurse in einheimischen und ausländischen Zeitungen so viel als möglich tüchtige Aerzte, Assistenzärzte, Thierärzte und Hebammen für das Land anzuwerben, und es gelang ihr, in den zwei Jahren noch anzustellen: 22 Aerzte, 6 Assistenzärzte, 8 Kreisthierärzte, 5 Hebammen (davon eine in einem grossen Dorfe). Trotzdem dieser Erfolg ein relativ guter war, bemühte sich die Leitung des Sanitätswesens so viel als möglich, für die fachmännische Ausbildung der Landeskinder zu sorgen, denn unter den fremden Aerzten, welche bisher nach Serbien kamen, befanden sich trotz ihrer regelrechten Diplome und glänzenden Dienstzeugnisse sehr viele, welche die „Cultur nach dem Osten" bloss mit dem — Munde tragen, sonst aber in der Medizin nur eine gute Melkkuh erblicken. Um aber faktische Pioniere für die Kultur und gediegene Fachmänner für den Sanitätsdienst zu bekommen, welche nicht bloss gute Techniker für das Behandeln der Kranken, sondern auch hochgebildete Hygieniker wären, vermehrte die Sanitätsabtheilung die Zahl der Staatszöglinge für die gesammte Heilkunde auf 30, und sendete ausserdem noch 10 junge Leute, welche das Maturitätsexamen glänzend bestanden, zum Studium der veterinären Wissenschaften aus. Diese 40 Staatszöglinge, welche das Sanitätsbudget 101,250 Fr. kosten, sind jetzt in Wien und in Paris. [101]) Ueber die Studien und Prüfungen derselben wird eine

amtlichen Theile 21 Studien und Aufsätze aus dem Gebiete der öffentlichen Gesundheitspflege, darunter eine grosse Studie mit vielen Plänen, Karten und Skizzen über die Austrocknung der Sümpfe in Serbien, und ein grösseres Werk über die Hygieine der serb. Landbevölkerung, welche, wie man weiter sehen wird, preisgekrönte Arbeiten sind.

[101]) Im gesetzgebenden Körper wurde der Wunsch geäussert, die Belgrader Hochschule durch die Creirung der noch fehlenden medicinischen Fakultät zu einer Universität zu erheben. Trotz einer so verführerischen Idee, musste der Sanitätschef gegen diesen Wunsch auftreten, denn selbst wenn Serbien die Mittel hätte, sofort eine gute medicinische Fakultät zu gründen, würde dieselbe in wenigen Jahren den factischen Bedarf des Landes an Aerzten decken, und später immerwährend ein brodloses, und deswegen zu allen nichtmedicinischen Unternehmungen bereites, wegen seiner hohen Bildung aber sehr gefährliches medicinisches Proletariat produciren. Durch das Institut der Staatszöglinge aber bekommt Serbien in relativ kurzer Zeit, und auf viel billigere Weise, so viel Aerzte, als es braucht, und zwar auf den besten medicinischen Schulen der Welt ausgebildete. Nirgends ist der Chauvinismus gefährlicher, als in dieser Frage.

so strenge Kontrole geführt, dass zwei Zöglinge schon das Stipendium verloren haben.

Um eine möglichst genaue Einsicht in die hygienischen Verhältnisse des Landes und die Lebensgewohnheiten des Volkes zu gewinnen, hat die Sanitätsabtheilung an alle Aerzte im Staatsdienste 73 Fragen gerichtet: betreffend die Ernährung des Volkes in verschiedenen Jahreszeiten, die Zubereitung der gewöhnlichen Speisen, die Qualität der Nahrungsmittel, die Krankheiten in Folge der schlechten Ernährung, die Parasiten, das Trinkwasser und die alkoholischen Getränke, die Wohnungen und die hygienischen Verhältnisse der Schulen, der Gefängnisse, der Krankenhäuser, der Gasthöfe; die Morbidität und Mortalität des ganzen Landes, das Impfgeschäft, die gerichtlich-medizinische Praxis, die Sanitätspolizei, den Gesundheitszustand der Hausthiere, die Mineralwässer, Thermen und Curorte etc. Die Jahresberichte aller Aerzte im Staatsdienste haben bloss die genauen Antworten auf diese präcis gestellten 73 Fragen zu enthalten, und aus allen solchen Jahresberichten wird dann der Generalbericht der Sanitätsabtheilung an den Minister über die gesammten Gesundheitsverhältnisse des Staates, und über alle von Seiten der Sanitätsleitung vorgenommenen Massregeln verfasst und publicirt. [**])

Aus diesen Studien konnte man mit apodictischer Sicherheit feststellen: dass die Ernährung des Volkes unter den zahlreichen Fastentagen (200 jährlich! . . .) in welchen das Volk noch mit der Strenge aus den ersten Anfängen des Christenthums fastet, ungemein leidet, dass die hygienischen Verhältnisse der Volkschulen noch sehr viel zu wünschen übrig lassen, dass die Gebäude in denen die öffentlichen Krankenhäuser untergebracht sind, mit Ausnahme von zwei Civil- und zwei Militärkrankenhäusern, welche zu diesem

---

**) Bis jetzt sind drei solche Generalberichte erschienen für das Jahr 1879, 1880 und 1881. Der erste wurde, da das amtliche Organ der Sanitätsabtheilung noch nicht gegründet war, in der von Dr. Vladan Gjorgjevitj redigirten Monatsschrift für Wissenschaft, Literatur und gesellschaftliches Leben, dem „Vaterlande" (Heft 21, 22 und 23) und dann in einem Separatabdrucke veröffentlicht. Die zwei letzten sind in der „Volksgesundheit" erschienen.

Zwecke gebaut worden — unter aller Kritik sind, dass die Hauptkrankheit des Landes, welche als wahre Volkskrankheit genannt werden kann, das Wechselfieber mit seinen Folgekrankheiten bildet, dass wir ausserdem die constitutionelle Syphilis in zwei von den 80 Landbezirken, in Banja des Alexinacer und in Svrljik des Knjazevacer Kreises, als endemische Krankheit haben.

Gegen das selbstmörderische Fasten konnte die Sanitätsleitung bloss durch öffentliche Belehrung wirken, wirkliche Abhülfe muss sie von den erlauchteten Kirchenfürsten erwarten. Um die Volksschulen in hygienischer Beziehung zu verbessern, setzte sich das Ministerium des Innern mit dem Unterrichts- und Bauten-Ministerium in's Einvernehmen und das Resultat war ein gutes Reglement für den Bau und die Einrichtung der neuen Schulgebäude und für die Adaptirung der bestehenden. Die bestehenden Civilkrankenhäuser wurden überall, wo es nur möglich war, in bessere Gebäude untergebracht, und eine generelle Vorschrift für alle zu bauenden Bezirks-Krankenhäuser ausgearbeitet. Zu diesem Zwecke wandte sich die Sanitätsabtheilung an die bekannten Fachmänner Franz Ritter von Gruber, Professor an der höheren Militär-Genie-Schule, und Herrn C. Völckner, Civilingenieur in Wien, und die Herrn haben uns die betreffenden Pläne, Vorausmaasse, Beschreibung etc. bereitwilligst ausgeführt. Ich erachte es als meine Pflicht, den Herrn auch auf dieser Stelle für ihre bereitwillige und so schätzbare Mitwirkung herzlich zu danken.

Nach diesen Plänen werden soeben drei Bezirkshospitäler zu je 34 Betten in Smederero, Pozarevatz und Valjevo gebaut. Da die Sanitätsleitung aber auf die Ausführung aller nothwendigen Krankenhausbauten nicht warten kann, hat sie im Laufe dieser zwei Jahre noch sieben neue Civilhospitäler in bestehenden Staats- oder Privatgebäuden eröffnet, und dadurch die Zahl der ordentlichen öffentlichen Civilkrankenhäuser auf 21 gebracht. Ausserdem ist die Ausarbeitung der Pläne für ein neues Gebäude des Allgemeinen Krankenhauses in Belgrad den Herren Gruber und Völckner in Wien anvertraut, und wird mit dem Bau desselben möglichst schnell angefangen werden, weil die Summen dazu grösstentheils schon votirt und deponirt sind.

Die Campagne gegen die Volkskrankheit, das Wechsel-Fieber, wurde durch einen Preis von 1200 Francs eingeleitet, welcher für die Ausarbeitung einer Studie über die Austrocknung der Sümpfe ausgeschrieben wurde. Den Preis hat Ingenieur A. Alexitj vom Königl. Generalstabe, mit seinen 4 Studien gewonnen, welche soeben in der „Volksgesundheit" publicirt worden sind. Durch diese Studien hat die Sanitätsabtheilung ein Substrat für ihre weitere Einwirkung auf das soeben gegründete Kgl. Volkswirthschaftsministerium und auf das Bautenministerium gewonnen, und weil die Frage: ob die Tausende und Abertausende von Hectaren des fruchtbarsten Landes auch weiter unter den Sümpfen liegen, oder für den Ackerbau gewonnen werden sollten, nicht blos für das Sanitätswesen wichtig ist, so hoffen wir, dass mit der Zeit auch auf diesem Felde Grosses geleistet werden wird.

Die endemische Syphilis in den zwei erwähnten Bezirken fasste die Sanitätsleitung als eine grosse, das ganze Land wie ein Krieg bedrohende Gefahr auf. Desswegen wurden nicht blos alle syphilitischen Kranken in das Kreishospital in Knjazewac und in das neue ad hoc eröffnete Krankenhaus für Syphilitische in Banja kommandirt, sondern es wurden zwei förmliche mobile Feldhospitäler für die Bekämpfung der endemischen Syphilis organisirt und in Thätigkeit gesetzt. Der Kampf ist so einfach wie erfolgreich. Die betreffenden Aerzte, mit einer gut versorgten Apotheke und mit einer genügenden Anzahl gut eingeübter Krankenwärter versehen, reisen von Dorf zu Dorf, von Haus zu Hause, und behandeln die Kranken in ihren Wohnungen. Jeder der inficirten Bezirke wurde in kleine, 2—3 Dörfer umfassende Rayons eingetheilt, und wenn der Arzt alle Kranken in einem solchen Rayon genau untersucht, und die Behandlung persönlich eingeleitet hat, überlässt er die Weiterführung derselben einem Krankenwärter, geht in den nächsten Rayon, und wenn er so den ersten Turnus beendet, geht er wiederum in den ersten Rayon, um die Behandlung zu controliren, eine Zeitlang persönlich zu führen, und dann wieder dem Krankenwärter zu überlassen und weiter zu gehen. Die schwersten Krankheitsformen, welche eine Hospitalbehandlung absolut nothwendig haben, werden in die Krankenhäuser nach Knjazevac und Banja geschickt. Es wird genaue

Krankengeschichte von einem jeden Patienten geführt und die Geheilten werden monatelang weiter beobachtet, und erst, wenn keine Spur von Recidiven zu entdecken, werden sie in den Rapporten als geheilt angegeben. Die Krankheitsformen, welche zur Behandlung kamen, waren secundäre: Plaques muqueuses, Ulcerationen, papulöse und pustulöse Exantheme (¼ aller Fälle) Psoriasis syphil. Es kommen auch primäre Formen vor. Ulcus spec. durum labiorum et linguae, ein Fall von solchen Geschwüren auf beiden Brustwarzen. Die Behandlung ist für primäre Formen: Jodoform. Ung. praecip. flavi; für die secundären Inunctionscur, (16 Packetchen zu 2 Gramm für Erwachsene und 12 Gramm auf 12 Dosen für die Kinder). Es wurde das Ung. fortius versucht, aber wegen zu schnell eintretender Salivation aufgegeben und dann immer mit dem mitius gearbeitet. Während der Schmierkur bekommt ein jeder noch fünf Grammes Kali jodati und ein Mundwasser mit Kali chloricum. In den seltenen Fällen, wo die Frauen oder Kinder Salivation bekommen, wird die Schmierkur abgebrochen und die Dose des Jodkalis verdoppelt. Die Recidiven sind sehr zahlreich (beinahe in der Hälfte der Fälle) aber so leichte Formen, dass sie auf zwei Inunctionscyklen verschwinden.

In dieser Weise wurden in 1½ Jahren in den zwei Bezirken 1906 syphilitische Kranke behandelt, davon 1078 geheilt, 257 gebessert. 12 starben (accidentelle innere Krankheiten) und 519 Patienten sind noch in Behandlung, beziehungsweise in Beobachtung wegen Recidiven.

Die zwei Feldhospitäler haben uns bis jetzt 17,833 Francs 65 Centimes gekostet. In sechs Monaten wird die endemische Syphilis in den zwei Bezirken ausgerottet sein.

Ausser den Generalberichten, welche solche Folgen gehabt haben, veröffentlicht die Sanitätsabtheilung wöchentliche und 10tägige Berichte über den Gesundheitszustand der Menschen und Thiere, ein besonders Sanitätsbulletin der Stadt Belgrad, monatliche und Jahresberichte über den Krankenstand in allen Krankenhäusern, und auf diese Weise wird ein brauchbares Material zur Erlangung einer genauen Sanitätsstatistik des Landes gesammelt, zugleich aber ein sicheres Kriterium für den ganzen Sanitätsdienst im Lande gewonnen, welches zu den nothwendigen Verordnungen benutzt wird. Auf den internationalen hygienischen Congressen in Turin und Genf, auf welchen die serbische Regierung durch den Sanitätschef vertreten war [**]) und auf denen wir manche Anregung erhielten, haben wir die grosse Wichtigkeit der hygienischen Bureaux, wie solche in Frankreich, Italien etc. bestehen, kennen gelernt. Da zugleich das Sanitätswesen in Serbien bis jetzt von Leuten, die sich für die ärztliche Praxis und nicht für die öffentliche Gesundheitspflege ausgebildet haben, geleitet wurde, und es höchste Zeit ist, an eine specielle fachmännische Leitung zu denken, so wurde ein Stipendium für das specielle Studium der öffentlichen Gesundheitspflege gestiftet, und die Verleihung desselben als eine Preisaufgabe ausgeschrieben: für eine so populäre Bauernhygiene, welche von jedem des Lesens kundigem Bauer verstanden werden kann. Den Preis gewann ein junger sehr fleissiger und allgemein gebildeter Arzt, Dr. Milan Jovanovitj Batut, sein Werk wird in 5000 Exemplaren gedruckt, um zum grossen Theile verschenkt zu werden, er selbst aber ist schon als königlich serbischer Staatszögling in der hygienischen Anstalt v. Pettenkoffer in München, kommt im Herbste dieses Jahres in das kaiserlich deutsche Reichsgesundheitsamt nach Berlin, um nach Absolvirung seiner Studien in die Sanitätsabtheilung in Belgrad aufgenommen zu werden, wo die Creirung des Postens eines Staatshygienikers beabsichtigt wird.

Von Sanitätsbauten sind in diesen zwei Jahren aufgeführt: zwei grosse Pavillons im Krankenhause für Geisteskranke und ein Staatslaboratorium mit zwei selbständigen Abtheilungen, zwei getrennten Laboratorien, das eine für hygienische und sanitätspolizeiliche, das Andere für gerichtlich chemische Analysen.

Von den inneren Arbeiten der Sanitäts-Abtheilung während dieser zwei Jahre mögen Erwähnung finden: Das Dienstreglement für die bisherigen Kreis- und die Bezirkskrankenhäuser, für das allgemeine Krankenhaus, für die Ablegung der ärztlichen Staatsprüfung, für den Dienst der Hebammen, für die Einrichtung der Friedhöfe, das ganze Begräbnisswesen und den Dienst der Todten-

---

[**] Ausführliche Berichte über die Thätigkeit dieser Congresse wurden in der „Volksgesundheit" veröffentlicht, erscheinen auch demnächst in einem besonderen Bande.

gräber, Ausführungsvorschriften für das Viehseuchen- und Rinderpest-
Gesetz, über das ganze Rapportwesen des Sanitätsdienstes, eine Belehrung zur Erkennung der hauptsächlichsten Krankheitserscheinungen
bei Viehseuchen, die erste vollständige Landespharmacopoë[110]) in latei-
nischer, und eine Medicamententaxe in serbischer Sprache[111]), Reglement
für den Dienst im Krankenhause für Geisteskranke, eine Taxe für solche
ärztliche Hilfeleistungen, welche durch das Gesetz nicht vorgesehen
waren, Anleitung für die Todtenschau, eine Taxe für thierärztliche
Privathilfeleistungen, Reglement für die Handhabung des Kranken-
fonds der Prostituirten, Verordnung über den Handel mit giftigen
Substanzen zu Industriezwecken, Ausführungsvorschriften für das
ganze Apothekerwesen, Reglements für die Abdecker und Waasen-
meistereien, für die Untersuchung der Milch auf den Märkten, für
die Zusammensetzung der Zinngefässe und Geschirre, über die Einrichtung der Bäckergeschäfte, der Anstalten zur Mästung der
Schweine[112]).

In diesen zwei Jahren haben wir auch Gelegenheit gehabt, uns
zu überzeugen, wie segensreich der geschaffene Posten eines In-
spectors der Sanitätsanstalten werden kann, natürlich, wenn
er mit einem solchen Arzte, wie Dr. M. Jankovitj, besetzt ist. Die
besten Dienstreglements von der Centralstelle vorgeschrieben, würden
wenig Nutzen bringen, wenn alle Sanitätsanstalten und ihre Gebah-
rungen nicht unter der, stets unerwartet einschreitenden Inspection und
Controle eines höheren Sanitätsbeamten stehen würden. Diese Inspectionen
haben viele Fahrlässigkeiten und Unregelmässigkeiten entdeckt, welche
gleich gestraft und für die Zukunft unmöglich gemacht wurden. —

Von der Ueberzeugung geleitet, dass ein Netz von Turn-
vereinen, welches über ganz Serbien verbreitet sein würde, event.
dem Lande mehr Nutzen bringen könnte, als alle Apotheken, hat die
Sanitätsabtheilung auch diese Frage in ihre Hände genommen, und
es wurde in Belgrad ein grosser Turnverein gegründet, der sich nicht

[110]) Pharmacopoea Serbica. Editio prima. Belgradi, Typographia Princi-
patus Serbiae. In IV°, Pag. VII. et 296. — 1881.

[111]) Medicamenten-Taxe. Belgrad, 1881, in IV°, 3 Blätter und 50 Seiten.

[112]) Alle diese Reglements und Dienstvorschriften sind in der „Volksgesundheit" und in dem zweiten Heft des zweiten Bandes der „Sammlung
sanitärer Gesetze etc" veröffentlicht.

bloss die körperliche Entwickelung seiner Mitglieder[112]), sondern auch die Erziehung von möglichst vielen Turnlehrern zur Aufgabe gestellt hat. Es ist schon eine Filiale dieser Gesellschaft in Schabac zu verzeichnen. Vom Staate ist ein Bauplatz für die Errichtung einer Centralturnhalle zur Verfügung gestellt. Leider war die Sanitätsabtheilung mit dem Bestreben, Fröbel'sche Kindergärten in Serbien einzuführen nicht so glücklich, aber sie verliert die Frage nicht aus den Augen.

Wie gut das im Jahre 1881 geschaffene Veterinärwesen functionirt, mag aus einer Thatsache ersehen werden. Seit der Occupation Bosniens durch österreichisch-ungarische Truppen hat in diesem Lande die Rinderpest bis vor 2 Monaten geherrscht. Vorigen Winter wurde sie in ein Dorf Serbiens an der bosnischen Grenze, in Prnjavor des Schabacer Kreises eingeschleppt. Sie wurde auf den einen einzigen verpesteten Bauernhof beschränkt, und in drei Wochen die Seuche als erloschen erklärt. Diese Thatsache spricht allein für sich. Eine besondere königlich ungarische Commission aus einem hohen Beamten des landwirthschaftlichen Ministeriums und Fachmännern zusammengesetzt, hat sich in Serbien an Ort und Stelle von der Handhabung der veterinärpolizeilichen Maassregeln persönlich überzeugt. Die Folge davon war die vollständige freie Einfuhr des serbischen Hornviehes nach Oesterreich-Ungarn. Dafür aber wird die Einführung des Viehcatasters in einer Zone von 37 Kilometer längs der rumänischen, bulgarischen und türkischen Grenze mit solcher Consequenz betrieben, dass von keinen Hindernissen zurückgeschreckt wird.

Wenn es in einer kurzen Skizze der Entwickelung des Sanitätswesens eines Staates erlaubt wäre, auch über seine Hoffnungen und anzustrebenden Ideale zu sprechen, dann würde ich von der Absicht der Sanitätsleitung Serbiens der Legislative des Landes den Vorschlag zu machen, das allgemeine Krankenhaus und die vielen Institute des Asyls für alle körperliche Gebresten in eine Humanitätskolonie mit tausend Betten zu vereinigen, mit einer Administration, mit gemeinsamen Wäschereien, Bädern, Küchen, Wasserleitungen,

[112]) Für Frauen, Mädchen und Kinder wurden besondere Curse eröffnet.

Desinfectionsanstalten, alles durch Dampfkraft zu erreichen, und sowohl den Bau dieser grossen Centralanstalt als auch aller Bezirks-hospitäler einer grossen Kapitalistengesellschaft auf 23jährige Amorti-sation durch eine in das Sanitätsbudget jährlich zu setzende Summe zu übergeben, und somit alle Sanitätsbauten in ein Paar Jahren aus-geführt zu sehen — sprechen, aber es ist besser sich mit der Erzählung der schon erreichten Thatsachen zu begnügen.

Druck von Gebrüder Fickert, Berlin SW., Kochstrasse 55.